重庆市普通高中教育教学改革研究课题资助
课题编号2019CQJWGZ2008

CHUANGKE

YUSHANG HUAXUE

ZHONGXUE HUAXUE SHIYAN

CHUANGXIN SHIJIAN YANJIU

创客遇上化学

——中学化学实验创新实践研究

主　编／袁　汀　傅晓健　陈　鑫

副主编／王　勉　李　辉　甘雨欣

　　　　郑克宇　黎　莉

编　委／熊　伟　杨明华　邓晓勤

　　　　蔡文全　李道兵　彭志勇

　　　　周　宾　余　瑶　杨海燕

　　　　夏忱忱　王　野

四川大学出版社

SICHUAN UNIVERSITY PRESS

图书在版编目（CIP）数据

创客遇上化学：中学化学实验创新实践研究 / 袁汀，
傅晓健，陈鑫主编. — 成都：四川大学出版社，2022.4
ISBN 978-7-5690-5513-9

Ⅰ．①创… Ⅱ．①袁… ②傅… ③陈… Ⅲ．①中学化
学课－教学研究－高中 Ⅳ．① G633.82

中国版本图书馆 CIP 数据核字 (2022) 第 107731 号

书　　名：创客遇上化学——中学化学实验创新实践研究
　　　　　Chuangke Yushang Huaxue——Zhongxue Huaxue Shiyan Chuangxin Shijian Yanjiu
主　　编：袁　汀　傅晓健　陈　鑫

选题策划：曾　鑫
责任编辑：曾　鑫
责任校对：孙滨蓉
装帧设计：墨创文化
责任印制：王　炜

出版发行：四川大学出版社有限责任公司
　　　　　地址：成都市一环路南一段 24 号（610065）
　　　　　电话：(028) 85408311（发行部）、85400276（总编室）
　　　　　电子邮箱：scupress@vip.163.com
　　　　　网址：https://press.scu.edu.cn
印前制作：四川胜翔数码印务设计有限公司
印刷装订：四川五洲彩印有限责任公司

成品尺寸：185 mm×260 mm
印　　张：10.5
字　　数：248 千字

版　　次：2022 年 8 月 第 1 版
印　　次：2022 年 8 月 第 1 次印刷
定　　价：59.00 元

四川大学出版社
微信公众号

本社图书如有印装质量问题，请联系发行部调换

前　言

　　创客是指具有创新实践、共享交流意识并运用一定的知识和技术将创意转变为现实的一类人。随着创客的增多，开展创客教育的呼声也不断加强。2016 年 6 月教育部印发《教育信息化"十三五"规划》，强调"有条件的地区要积极探索信息技术在'众创空间'、跨学科学习（STEAM 教育）、创客教育等新的教育模式中的应用，着力提升学生的信息素养、创新意识和创新能力，养成数字化学习习惯，促进学生的全面发展，发挥信息化面向未来培养高素质人才的支撑引领作用"。

　　关于创客教育模式下的教学，每个学科都有不同的侧重点，对于以实验为基础的化学学科，实验创新是践行创客教育模式下教学的有效途径。普通高中化学课程标准（2017 年版）指出，化学课程的基本理念就是通过化学实验等多种探究活动，激发学生学习化学的兴趣，体验科学研究的过程，强化科学研究的意识，从而在实践中培养学生的创新精神和实践能力。学生在创新实验课堂中进行开放式科学研究活动，由单一的知识获得变为多维的素养提升。在新课程标准背景下，化学教师应充分发挥实验教学的功能，通过创新化学实验教学去培养学生化学学科核心素养。

　　创客教育引领下的创新实验化学课堂，是发展学生化学学科核心素养，提高学生创新思维与能力的一次大胆尝试。本书分为上下两个部分，上半部分主要从"创客教育""化学实验创新""创客教育与化学实验创新的融合"三个方面，从理论上论述了什么是创客教育，什么是化学实验创新，创客教育与化学实验创新融合的可行性，并详细阐明了创客教育引领下高中化学实验创新的教学流程，为读者提供了一条自行设计创客教育理念下高中化学创新实验教学的新途径。下半部分按照人教版（2019）化学教材，将高中化学实验分为"元素化合物篇""有机化合物篇""化学原理篇""物质结构篇"四大板块，板块内知识在思维逻辑上具有共性，依据以上划分，为设计者确定创新实验方案提供方向。每个板块内都包含数篇教学设计和案例，为读者书写此类教学设计提供参考。

　　本书可作为化学师范生实验教学研究课程教材、中学化学教师职后培训提升实验研究能力和教学设计能力的教材和教学参考用书，也可以作为研究生相关课程的学习资料。

　　本书编写过程中，参考和引用了一些专家和老师的成果，本书的顺利出版得到了重庆市求精中学校、重庆市渝中区教师进修学院、重庆市第八中学校、长江师范学院领导及专家的大力支持，在此谨表谢意。限于自身水平，本书中不妥之处在所难免，敬请专家和读者批评指正。

本书编写委员会

2021 年 10 月

目　录

理论部分

1 创客教育

1.1 创客运动的兴起对新时代教育提出新要求

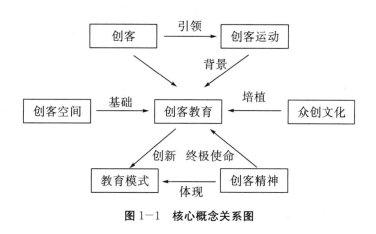

图1-1 核心概念关系图

1.1.1 创客运动的兴起

"创客"一词最初由英文"Hacker"或"Maker"翻译得来。它起源于麻省理工学院比特与原子中心发起的微观装配实验室的一个以创新为理念，以客户为中心，以个人设计、个人制造为核心内容的实验课题，参与该课题的学生即"创客"。而 Chris Anderson 在《创客新工业革命》一书中也提出：创客是指具有创新实践、共享交流意识并运用一定的知识和技术将创意转变为现实的一类人[1]。随着开源硬件和开源软件的普及以及快速成型制造技术的逐步发展，越来越多的用户从消费者向创造者转变，传统的制造业也逐渐从精英创造转变为大众创造，并且互联网时代下人们的创新项目得到了及时的分享和交流，也鼓励和促进越来越多人的加入创客的行列。由此创客运动在全球开始兴起。

"创客运动"是一种具有划时代意义的新浪潮，将实现全民创造，推动新工业革命，其中每一个进行或参与创造的人都可以被称作"创客"。创客运动兴起的直接原因可归结为两方面。

一方面是21世纪以来互联网飞速发展，面向大众的销售市场逐步呈现多元化的特点，产品的销售由原本具有很强约束性的传统单一的供销渠道转变为互联网上多方向的电商平台销售。比如通过阿里巴巴、淘宝、亚马逊这类平台，世界各地的工厂的产品都能直接到达大众的手中。它们提供的基于互联网的按需制造服务使得发明者和消费者的需求都得到充分满足。于是各类消费市场需求的小众化产品被摆上虚拟的电子货架，任何人可以把任何创新产品卖给任何人。

另一方面是包含 3D 打印、3D 扫描、CNC 激光蚀刻等在内的制造技术，以及开源硬件、开源软件、社交网络等在内的信息技术的飞速发展，降低了大众创客将创意转化成原型产品的技术门槛和经济门槛，他们用很低廉的成本即可完成传统研发创造过程[2]。借助这些技术工具，创客们可以凭借微小的创意，创造出满足消费市场需求的微创新产品，并获得成功[3]。

因此，低门槛的特点使得创客运动逐渐得到各国政府、机构、组织的重视。由《制作》（Make）杂志主办的第一届创客集市（Maker Faire）于 2006 年在圣马特奥市（San Mateo）举办。这场由发明家、DIY 玩家和业余玩家组成的盛大集会，是创客们分享自己制作成果、宣扬创客文化的庆典。2013 年，奥巴马将广泛采用 3D 打印"增材"技术的创客运动形容为"制造业添加剂"。他指出创客运动是"运用科学与创新'打印'未来"，并认为它是"将制造业就业机会从海外带回美国本土，重塑美国全球竞争力的良方"。美国《连线》杂志前任主编 Chris Anderson 认为"创客运动"使得企业能够满足小型化和全球化，可以实现低成本的高技术。2014 年在旧金山湾区和纽约两个地方举办了创客集市，从参与记录来看有近 22 万人参加。从那之后，全球许多其他的城市也举办了类似的活动，国内较为成熟的活动有每年一届的北京和上海的创客嘉年华以及深圳制汇节等。在这些创客活动中，随处可以看到与教育相关的论坛、工作坊、比赛和学生作品展示与分享等活动。

随着创客群体数量的激增，创客空间——一个开放、共享的创新实验室应运而生。创客们可以在创客空间里通过共享资源和知识来实现他们的想法[4]。最早的创客空间——圣弗朗西斯科 Noise space 的创始人之一便是"创客教父"米奇·奥特曼，他发明的一键式万能电视遥控器 TV-B. Gone 和同步人脑波的 Brain Machine 等都获得了人们的欢迎，这也让人们意识到创客成为一种职业的可能性[5]。据统计，全世界有超过1400 个创客空间，世界各地的创客也超过 50 万且在快速增长[6]。

中国第一家创客空间是由李大维于 2010 年在上海创办的"新车间"。之后发展的多是依托于青少年组织机构如中国教育国际交流协会、青少年国际竞赛与交流中心等，在没有培训和比赛时，机构的场地就供创客们进行活动，这为中国的创客们提供更加灵活的创新环境，也使得中国的创客的数量逐年增长[7]。随后在深圳、南京、成都、哈尔滨等地都相继成立了创客空间。

1.1.2 新时代背景下创客教育的发展历程与前景

2013 年 8 月，由温州市电化教育馆主办的第一届全国中小学 STEAM 教育创新论坛在温州中学隆重举行。全国 13 个省市区的 80 多位代表齐聚一堂，探讨了 STEAM 教育的模式、课程和支持方案等。这次活动得到教育行政部门的大力支持，并且通过此次活动成功搭建了教师与创客的对话平台。

两个月后，专家学者们呼吁更多的创客关注教育，为中小学提供造物资源，从而首次在民间的创客盛会上发出了教育者的声音。此后，一些创客开始试水做创客教育，并且从那以后，每年的上海创客嘉年华活动都增设了创客教育论坛[7]。

一开始做创客教育，老师们往往选择课外活动的方式，以小规模的形式开展。2014年前，国内仅常州、温州、北京等区域有较多的学校是采用大班教学的形式开展教学。到了2015年，越来越多的学校用校本课程的方式开展创客教育。很多学校开始把一系列和创客教育相关的课程在特定时间段让学生体验。

2016年6月，教育部印发《教育信息化"十三五"规划》（教技〔2016〕2号），在国家文件中首次明确提及创客教育，强调"有条件的地区要积极探索信息技术在'众创空间'、跨学科学习（STEAM教育）、创客教育等新的教育模式中的应用，着力提升学生的信息素养、创新意识和创新能力，养成数字化学习习惯，促进学生的全面发展，发挥信息化面向未来培养高素质人才的支撑引领作用"。

2017年8月21日，在北京师范大学举办的第三届中国教育创新成果公益博览会的最高奖项SERVE奖的颁奖典礼上，由浙江省温州中学报送的"'课程、空间、活动'三位一体的创客教育实践"，在全国数百项教育成果的激烈竞争中，荣获SERVE大奖。温州中学师生团队的谢作如老师成为本次教博会SERVE大奖获得者[8]。这个奖项的获得，标志着我国教育界对来自一线的创客教育理论及实践工作的极大认可和激励。

当今，我国已有较多的学者热衷于创客教育的研究，窦兆珩将创客教育的理念与"互联网+"思维相结合，通过线上和线下的教学实践活动平台，搭建无处不在的创客教育环境，打造创新创业课程新体系，构建创新创业人才培养新模式，将创客教育理念渗透融合到创新创业教育的全过程中。刘丁慧等学者通过对深圳两所高校的创客活动进行调查，理性分析了高校创客教育的现状，并探索性地提出利用新信息技术手段与创客教育进行有机融合，构建"互联网+教学""互联网+宣传"和"互联网+空间"等教育新模式。

1.1.3　创客教育是新时代对教育提出的新要求

21世纪是经济飞速发展的大数据时代，各类高科技电子产品不断涌现。智能机器人、3D打印机等设备的出现，为大众的生活带来了许多的便利，提高了人们的生活质量，同时也带来诸多经济效益。然而，人们逐步意识到当众多科技产品在生活中被普遍使用时，它们也悄无声息地占据了我们大部分的时间，并在不知不觉中让我们对其产生依赖性。渐渐地大众从生产者变成了消费者与使用者，人类与生俱来的探索创新精神和制造能力慢慢地被忽视。在这样的情况下，创客这一类具有创新精神和丰富创造力的人正好弥补了时代的不足，创客教育成为数字技术时代对教育提出的新要求，发展创客教育是国际教育发展上呈现出的一种必然趋势。

其实，国际市场创客教育发展已经趋于成熟。以美国为代表，2012年奥巴马政府宣布未来4年将在美国1000所学校引入创客空间，同年，非营利性组织Maker Ed设立了"创客教育计划"。从国内来看，教育部在 2015 年《教育部"十三五"规划纲要》中就提出要探索适合国情的新教育模式。2017 年《义务教育小学科学课程标准》也从官方角度提出了创客教育的标准，鼓励学校和教育机构紧紧把握政策，做符合官方要求的教材教具输出和创客实验室整体解决方案。新技术的发展和创客群体的日益壮大对教育的影响逐渐明显，这要求学校要探索跨学科融合的 STEAM 模式和强调动手实践、创新思维训练的创客教育等新的教育模式。探索 STEAM 教育、创客教育等新模式，将新技术融入课堂教学，从而培养学生的创新能力和信息素养，将成为新时代教育发展的方向。

参考文献

[1] Jackson Andrew. Makers：The New Industrial Revolutions [J]. Journal of Design History. 2014，27（3）. 311－312.

[2][3] 祝智庭，雒亮. 从创客运动到创客教育：培植众创文化 [J]. 电化教育研究，2015，36（7）：5－13.

[4] 谢作如. 如何建设适合中小学的创客空间——以温州中学为例 [J]. 中国信息技术教育，2014（9）：13－15.

[5][6] 傅骞，王辞晓. 当创客遇上 STEAM 教育 [J]. 现代教育技术，2014，24（10）：37－42.

[7] 谢作如. 创客教育这七年 [J]. 中小学信息技术教育，2018（7）：74－76.

[8] 肖文鹏，丁书林，吴俊杰，等. 十年：创客教育回首与展望 [J]. 中国信息技术教育，2017（18）：4－10.

1.2 创客教育为培养创新人才提供新渠道

1.2.1 培养创新型人才的必要性

在这个充满无限未知挑战的时代，传统的手工业技术正在逐步被人工智能等电子技术取代。以前我们认为不可或缺的事物和职业可能逐渐变得无关紧要，而一些新兴的产业和技术渐渐蓬勃发展。这是因为人类社会的迅速发展使得人们对物质和精神生活的要求越来越高。比如，在购买生活中各种样式的日用品时，普通的产品已经无法满足大众的需求，大家普遍追求实用又富有创意的产品。再比如，在北京承办奥运会时修建的极具创造性的鸟巢和水立方，既体现国家敦实的文化底蕴和设计美感又具有极强的实用性，从而让中国在国际社会上留下了美誉。由此可见创新的重要性，它对一个产品乃至一个国家的未来发展过程中都发挥了关键性的作用。在当下国际社会复杂的发展形势和形形色色的严峻挑战面前，将"创新"作为经济、社会发展的"第一驱动力"已成为当下最为紧迫的任务之一，人类只有不断创新，才能站稳脚跟，才能寻找到各种应对困难与挫折的途径与方法。

众所周知，教育是社会发展的坚实基础，培养高质量的技术人才是实现国家富强的有效途径。在此基础上，各国对创新型人才在学习和创新方面的培养都提出了新的目标。在中国的现代化进程中科技创新始终被摆在核心位置，是我国发展的重要动力。

2002 年，党的十六大报告指出"创新是一个民族进步的灵魂，是一个国家兴旺发达的不竭动力"。2006 年的全国科技大会上，将"自主创新、建设创新型国家"定位为国家战略。2012 年，我国实施创新驱动发展战略，明确国家未来的发展要立足于科技创新，并在民间普及创新和创业事业。2015 年两会期间，国务院常务会议审议通过了《中国制造 2025》十年规划，规划指出高端制造人才的匮乏是我国目前面临的问题之一[1]。同年，"大众创业、万众创新"被写入政府工作报告。2016 年，教育部印发《关于做好 2016 届全国普通高等学校毕业生就业创业工作的通知》，其中提出，从 2016 年起所有高校都要设置创新创业教育课程。2017 年，"加快建设创新型国家"被写入党的十九大报告，明确"创新是引领发展的第一动力，是建设现代化经济体系的战略支撑"[2]。同时，党中央对创新型国家建设也做好了规划，根据印发的《国家创新驱动发展战略纲要》，我国在 2020 年已进入创新型国家行列，之后到 2030 年将跻身创新型国家前列，到 2050 年将建成世界科技创新强国，成为世界主要科学中心和创新高地。

由此可见，国家和政府对创新的重视。国家要发展，教育需先行，实施创新型教育是培养创新人才的重要途径。《国家中长期教育改革和发展规划纲要（2010—2020 年）》提出把改革创新作为教育发展的强大动力，要着力提高学生勇于探索的创新精神和善于解决问题的实践能力，实施培养创新型与复合型人才的发展战略，将培养学生的创新能力和实践能力作为教育改革的重点[3]。目前学校在开展创新人才培养方面，存在课程结构过于老化、教学内容脱离社会实践、跨学科交流与合作存在障碍等问题，这些问题在一定程度上制约了学生创新创业能力的发展。并且传统的应试教育在一定程度上束缚了学生的创新能力、综合设计能力和动手实践能力。如何对 21 世纪必备技能的培育与提升，是学校教育要思考的问题，也是处在社会发展转型时期我们必须面对的问题，因此探索创新教学的改革势在必行[4]。

人才是创新发展的第一资源，要建设创新型国家，培养创新人才是其中的先决条件。因此，我国教育承担着培养人才之重任，培养创新人才也必然是我国教育的责任和使命。作为教育工作者，创新人才的培养是我们必须承担起来的任务，要创造好的土壤和环境，让创新人才不断涌现。创新型人才的教育和培养首先需要教师从理念和认识上进行提升。从教育公平的高度和广度来理解，培养拔尖创新人才是教育公平的重要组成部分。人才的培养必须尊重个体差异和发展规律，要因人施教，有针对性地关注拔尖创新后备人才在潜能、个性、志向等各个方面有独有的特征，从而以合适的方式方法、有针对性地进行培养，是更广义的教育公平。此外，还要在机制上保障创新的实施。创新人才的培养是需要环境，需要过程的，不是一蹴而就的。

未来社会的竞争是综合国力的竞争，归根结底是创新型人才的竞争。时代向我们提出了这样的要求：教育要以培养学生的创新能力为目标，将实践创新作为当前中国学生发展的六大核心素养之一，培养具备批判性思考和解决问题的能力、创造与创新的能力、沟通与协作能力的学生。如何实现教育模式和思想上的创新，以培养出适应时代要求的创新型人才，是当前教育界面临的巨大挑战。

中国特色社会主义进入新时代，在新时代、新征程，要有新作为、新气象。全面创新是新时代的重要标志，有无把培养创新人才摆在重要位置，是衡量教师和学校是否优秀的重要维度之一。中学阶段是培养创新实践能力的重要时期，教育工作者们要充分认识培养创新人才的重要性，不断增强创新人才培养的主动性。同时，我们要积极思考，努力探索培养学生创新实践能力的方式方法，以促进创新人才的培养，以创新拥抱新时代，在加快培养创新人才中，完成教育工作者的历史使命，实现教育事业的时代价值。

1.2.2 创客教育中体现的创新精神

教育是一门艺术，而艺术的生命在于创新，创新是民族的灵魂，只有创新才能实现教育的梦想。创新教育理念也是重塑人才的模具，模具决定"产品"造型，正如苏霍姆林斯基说，一个无任何特色的教师，他教育的学生不会有任何特色。在教学中借创客运动的春风，让创客教育中的创新精神渗透于我们的课堂教学中，只有将创新理念融入我们自身的教学实践中，才能形成自己具有创新特色的教学。没有创新的教学思想，没有创新的教学方法，就不可能培养出具有创新精神和创新能力的学生。教育创新需要社会、学校、教师、学生的共同努力。而在教育一线的教师，对于教育创新有着更加不可推卸的责任。这就要求教师在平时的教学过程中要把创新教育思想、内容、方法融入课堂教学，才能培养具有创新能力的学生。

创客教育以创客项目为载体，创客项目是生活中能够满足学生发展和需求的内容主题，将创客内容与学生的学习和生活融合起来，能够有效激发学生的求知欲望，使得学生在实践中不断发展与创新。

学生在选取创客项目时，要以自身的需求和兴趣为出发点，就是课外培养选择一系列的问题进行研究和分析，在项目的学习和实践中会出现很多问题需要解决和处理，能够有效提升学生解决问题时的创新能力和实践能力[5]。例如，一些学生发现上学时来回背着书包很重很累，携带也较为麻烦，因此学生为减少书包携带的不利因素，便对书包进行研究，学生们结合自己已有的知识进行合作研究，最终提出了很多方案：使用拉杆书包、家里备用一套与学校相同的书籍、使用电子书籍等。在此项目的学习研究过程中能够有效提升学生的实践能力和创新精神。又如，一些学生在志愿服务时期选择去聋哑学校服务，在服务过程中语言交流障碍是最大的烦恼。学生们便以"如何与聋哑人正常交流"作为一个创客项目。通过合作探讨，学生们尝试设计了能像正常人一样交流的"聋哑手套"，这种手套上安装有传感器，能够识别聋哑学生的手势并转换成语音发出，也能将语音转换成手势提供给聋哑人。学生们查阅相关资料，设计制作方案，购买需要的零部件，融合计算机程序设计、数学、物理等学科，最后动手尝试制作。像这样的创客项目的实施，能够有效地激发学生浓厚的兴趣，培养他们的思维能力，学生在实践中也提升了自己的动手能力，创客教育体现出创新精神。

在创客教育理念下的教学活动，教师是教授主体，学生是学习主体。有了具备创新能力的教授主体，才能焕发学生的创造活力，提升他们的创新能力。例如，在"利用程序设计绘制中国地图"的创客教育实践中，通过实例演示，让学生了解程序设计的方法，学习解决相关问题的算法和程序设计的本质思想；然后在老师的引导下，让学生自己设计参数、调试结果、分析缘由，逐步养成求知探索的习惯，从而在应用变化中思考不变的规律；引导学生学中做，做中学，引导学生质疑，有疑才能激发学生认识上的矛盾，使学生勇于质疑，故而激发学生的求知欲，点燃学生思维的火花。这样的教学不但培养了学生的思维能力、动手能力，还培养了他们的创新精神。

在教学中要努力实施以"认知—探究—发现—交流—反思"为主的教学模式，并进一步应用于在反思中创新的教学理念[6]。比如在信息技术创客社团活动中，选用Scratch编程设计教程，引导学生设计一些简单常见的如"捉迷藏""打地鼠"等小游戏，因Scratch不受语法、英语等其他因素的制约，学生很快就能像堆积木一样创作出来，学生在学中做、做中学的过程中学会了编程，而且在实践中的创作都是各不相同的，同时教师要鼓励学生求同存异，引导学生异中求新，逐步实现知识学习与问题解决同步化，这样既锻炼了学生自己解决问题、自主探究学习的能力，还能在做与学过程中不断突破、有所创新[7]。

创新能力要有一定的知识和智慧做基础，但是不可低估情感对知识、智慧的促生作用。在学校各类创客社团活动教学中，要重视学法指导，让学生在创客教育理念下变"要我学"为"我要学"，变苦学为乐学，积极主动地参与社团实践创新讨论。在创新教育理念的指引下，教师要在教学中不断探索求新，用心创造，不断将教育创新提升到新的台阶。

参考文献

[1]《中国制造 2025》解读之一：中国制造 2025，我国制造强国建设的宏伟蓝图［EB/OL］.［2015－05－19］.

[2] 习近平在中国共产党第十九次全国代表大会上的报告［EB/OL］.（2017－10－28）［2018－08－25］http://www.qstheory.cn/dukan/qs/2017-11/01C-112188625.htm

[3] 胡瑞文.《国家中长期教育改革和发展规划纲要（2010—2020)》主要精神解读与热点、难点探析［J］. 中国高等教育评估，2010（2）：3-10.

[4] 刘晓丹. 创客教育课程设计模式研究［D］. 上海：华东师范大学，2016.

[5] 林雪. 关于创客教育与学生创新能力培养的几点思考［J］. 才智，2017.

[6][7] 闫金玉. 融合创客教育理念培养学生创新能力［J］. 中小学电教，2017

1.3 建构发展学生素养的创客教育新模式

1.3.1 以"学做创"为导向的创客教育新模式

教育模式是指在一定理论指导下，对教育过程进行表述的一种组织方式。从具体实践来看，主要是指在一定教学思想引导下围绕教学活动的某一主题，形成相对稳定的、系统的、理论性的教学范本[1]。

教学模式经历了相当长的发展和改革过程，诞生了许多不同种类但对当代教育教学产生深刻影响的模式。在国内，对教学模式概念的研究主要有三个方向，分别是结构论、程序论和方法论。其中，结构论认为教学模式是在特定教育思想和理念指导下的教学进程的稳定结构形式；程序论认为教学模式是教学过程中师生必须遵循的教学程序；方法论指出，教学模式是一种系统的教学方法。总的来说，教学模式就是为达到教学目标，在某种教育理念的指导下，以教学环境和资源为依托而形成的相对稳定的规范化教学程序和操作策略体系[2]。它有着固定的结构和要素，如图 1－3 所示。通常来说，教学模式有六个构成要素：指导思想、教学主题、教学程序、教学目标、方法策略、教学内容。在研究一种教学模式时，我们可以从以下三个方面的内容来分析：第一，教学理论，无论是传统教学模式还是现代教学模式，都离不开教育思想的指导；第二，学习环境与资源，学习环境和资源的支持对教学模式的发展和进行甚为重要，不同模式对资源与环境的需求也各不相同；第三，关系与结构，教学模式要能够体现各个教学要素之间的关系，并形成稳定的体系结构。

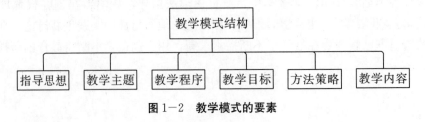

图 1－2　教学模式的要素

由此可见，教学模式是联系教学理论与实践的桥梁。它以一种简单明了的形式对教学理论进行阐释，对教学实践具有引导示范、预测诊断、系统改进等功能。教学模式在一定程度上能够解决教学过程中的诸多问题，从而达到揭示教学规律、优化教学流程的效果，因此具有多样性、可操作性、开放性、稳定性、针对性、策略性、个性化等特征[3]。传统的教学模式主要以传递—接受的形式为主，但基础教育课程改革的实施促进了新型教学模式的诞生，如 PBL（基于问题的学习）、TBL（以团队为基础的学习）、CBL（基于案例的学习）等。本书所介绍的创客教育教学模式也是众多新型教学模式中的一种，它形成于我国新课改的时代背景之下，适应了新一轮课程改革的要求，注重培养学生的创新思维与创新操作技能[4]。

任何一种教学模式都是建立在特定的指导思想之上的，创客教学模式亦不例外。创客教学模式的指导理念主要是"从做中学"思想。"从做中学"，是美国著名教育学家 John Dewey 关于教学的核心原则。他将这种思想贯穿在教学过程、课程设计、教学方法、教学组织形式等各个方面。John Dewey 认为：最好的教育是从生活和经验中学习，"教育就是生活""教育就是成长""教育是经验的转化"是他提出的教育理论的三个核心。"从做中学"也就是从活动中学，从经验中学，主张"教学应以学生的经验和活动为基础"，它使知识在学校的获取和日常生活的活动联系了起来。

以"做中学"为理论依据，国内目前提出了两种具有权威性的创客教育模式设计框架和课程开发模型。

第一种是杨现民教授基于对创客教育的认识及相关课程的开发经验提出的创课的通用设计框架，如图 1-3 所示。该框架分为指导理论、关键要素和学习过程三个层级的内容。杨现民教授认为：首先，体验式学习理论和建造主义理论应该是课程和学习过程设计的基础。其次，创客课程要具备完整的课程关键要素，如学习内容、活动项目、研创环境、网络资源、展示平台和课程评价。最后，创课的学习过程以问题项目为桥梁，结合线上与线下的混合式学习方式有序推进[5]。

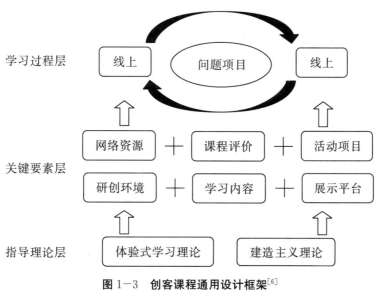

图 1-3　创客课程通用设计框架[6]

第二种模型是万超等建构的创客课程的环状开发模型，如图 1-4 所示。该模型分为核心层、要素层、开发层三个层次。核心层指的是创客课程开发的核心目标，也就是培养具有创新精神和创新能力的人才。要素层是使创客课程发挥效用的四大要素：创客空间、项目内容、网络资源、创客教师。开发层创客课程的开发沿着课程目标、课程内容、课程资源、教学策略、教学实施、课程评价环状流程展开[7]。

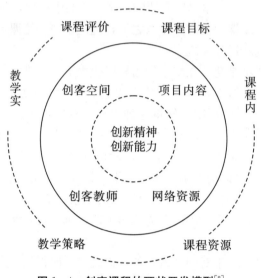

图 1-4　创客课程的环状开发模型[8]

这两种模型强调了创客课程开发的过程，但缺少对学生的关注。新课程改革要求贯彻实施以学生为主体、以学定教的教学理念，因此在研究教育教学模式和课程时应以学生为主要对象，以培养学生创新能力为总体目标进行构建。创客教育是"做中学"理论的发展和延伸，它融入了创客中蕴含的从创造中学习的理念。因此，华东师范大学教授祝智庭将 John Dewey 的"做中学"理论与 21 世纪的创新型人才培养目标相结合，提出了创客教育的课程结构应该包括学才、习才和创才。之后，吴永和等在此基础上，融合了"学""做""创"三种行为活动的混合式教学实践，并且从学习目标、学习内容、师资队伍、学习空间、学习活动和教学评价等方面进行设计，对"学""做""创"三种活动之间的关系进行更深一步的分析，构建了以"学做创"为导向的创客教育新模式[9]，如图 1-5 所示。

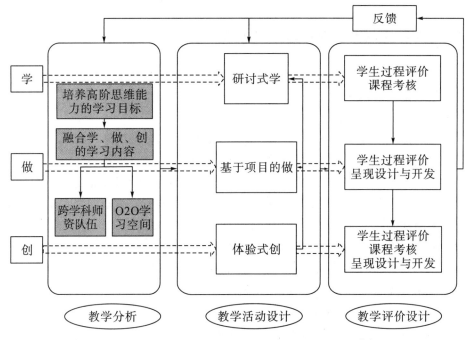

图 1-5　以"学做创"为导向的创客教育课程模式[10]

"学做创"的实施对象是学生本体。首先他们学的是知识理论和方法，然后通过一系列项目式活动对理论进行应用，达到"学中做、做中学"的目的，最后开展具有创造性的体验式活动，通过创新手段实践知识，从而对理论进行深化和理解。因此，该模式提出，开展创客教育时应分为教学分析、教学活动设计和教学评价设计三个部分。教学分析包含制定能够培养高阶思维能力的学习目标、应用 3D 打印和开源硬件等数字制造技术的跨学科融合学习内容、设计线上线下结合的 O2O 学习空间区域和打造跨学科、跨领域师资队伍。在教学活动设计上要注意学、做、创三者的融合，设计研讨式、以体验为主和基于项目动手实践的学习活动。最后，创客教育的教学评价要结合过程性和结果性两种评价，从而充分体现出培养高阶思维能力的目标，所以，对于"学""做""创"三种教学活动应设计不同的评价标准和具体要求。研讨式学习活动的评价设计，应该涵盖对文献搜集整合、小组讨论和汇报与反思这整个过程中学习行为的评价；基于项目的动手实践的活动评价设计，应该重视学生对知识与技能的掌握和协作交流能力方面的评价；以体验为主的创造性学习活动的评价设计，因其活动是体验"创客"项目制作过程，因此可通过自评、互评和教师评价三种形式，全面地评价"做"和"创"的实践过程[11]。

以"学做创"为导向的创客教育新模式蕴含了"从创造中学习"理念，对创客教育课程的开发具有较大意义，对创造空间、环境资源等有较高要求，比较适用于高校创客教育课程的实施应用。因此探索将该模式应用到中小学创客教育的实践路径。以培养创新能力为目标的创客教育，对中小学学生的创新创造能力培养也具有很大的启发意义。

1.3.2 中小学阶段创客教育模式的实践探索

近年来，中小学开始把创客精神、创客理念融入教育教学中，积极探索中小学创客教育的路径和方法，并付诸实践，致力于培养学生创新思维能力和动手实践能力，使其逐渐成为促进学生全面发展、推进教育改革的有效支撑。

中小学阶段的创客教育不同于国内外那些利用高端设备或工学领域的创客教育，这个阶段的主要目的在于还原中小学生的学习兴趣，以学生"兴趣特长、动手实践、创意创新"为核心，因材施教，通过个性创造，促进学生的主动学习和深度探究，激发学生自主学习意识，引导学生从被动地接受知识转变为自主学习、主动探究、深入钻研，从而培养学生的创造性思维，提升学生的综合学习能力。

在中小学阶段，创客教育的实践需要考虑几个因素。

首先是创客教育理念的倡导。理念是行动的先导，中小学创客教育既是一种教育行为，更是一种教育理念，是以学生的学习为中心，把学校从知识传授中心转变成以实践应用和创造为中心的场所，课堂教学成为实施创客教育的主阵地。对于老师而言，要落实新课改理念，倡导任务驱动型教学模式和"自主、合作、探究"的学习方式，鼓励、引导每一位学生参与到项目学习中来，通过独立思考、合作探究完成学习任务。对于学生而言，就是要将自己的想法付诸实践，用自由的双手表达自信的头脑。

其次是创客空间必须得到保障。创客空间是保障创客教育有效推进的关键，是学生们进行创意创新的"梦工厂"。创客空间的建设主要有三个维度。一是充分挖掘、整合校园各处所蕴含的资源，营造浓厚的创意创新、动手实践的氛围，把学校每间教室、实验室、图书馆、运动场以及其他活动场所都作为培养学生创新精神、创新思维的场所，足额配备专业的音乐、舞蹈、美术教室等，并确保设施齐全。二是根据不同学段学生的年龄特点，合理建设各年龄段对应的创客空间，为所有学生的创新创造提供场所、工具、材料等，引导学生"做中学、创中学"。例如，在职业中专建成各类专业实训基地和创业园，幼儿园则以"区角"为中心，打造建构区、美工区、表演区、自然角、科学角等创客空间。另外，不同区域学生的创客空间也有区别。例如，侧重小学生好奇心、想象力的培养和保护，城区小学建成少年硅谷教室，农村小学全部建成乡村少年宫，教学点全部建成"两园"（树园子、菜园子）。与此同时，所有规模校园全部可以建成校园电视台，初高中电视台节目从设计、撰稿、取材、录制、主持、剪辑、制片等全部在老师的指导下由学生完成，也是培养学生创新思维能力和动手实践能力的有效途径之一。三是引导每个家庭为孩子创意创新开辟空间，比如客厅、阳台、飘窗等。同时，鼓励家长积极带孩子在科技馆、博物馆等校外场地开展实践创客教育活动。

另外，创客教育还需要课程作支撑。课程是支撑创客教育有效开展的载体，"一切活动皆课程"。把校园所有活动都纳入课程形态规范管理，在课程中培养学生的创新能力。为此，我们要开足开齐国家课程，深化课堂教学改革，倡导每一位教师把创客精神和创新教育的思想、内容、方法植入学科教学，并以教材内容的不同呈现、配置来引导师生课堂交流方式向探究式、启发式转变，保护学生的好奇心和想象力，培养学生的创造性思维。我们要尽量满足每一位学生的个性化需求，根据各校园办学特色和教师专长，组织开发适合各学段学生的校本课程，"学生菜单式选课—教师走班制授课—学校多元化评价"。对于课程的质量，要健全评价制度，要多角度、全方位进行考虑，从课程内容、活动过程、学习效果和学情调查几个方面进行综合评价。

创客教育实践案例：

一种便携式手动海水淡化装置设计与研究

（重庆市求精中学校）

1. 创客活动的背景

随着我国海洋战略的稳步推进，特别是近年来海上旅游的快速发展，海上安全问题越来越受到人们的关注。假如船舶不幸失事，长时间得不到救助，漂浮在海面，最大的死亡威胁是缺水。因此，如何让落水人员获得淡水，从而争取到更多的救援时间，已成为当下人们研究的一个热点问题。

2. 创客项目的成立

通过查阅相关文献资料，重庆市求精中学高二年级创客小组的同学以"设计一种海水淡化装置"为创客项目，合作研究并设计了一种便携式手动海水淡化装置。

3. 创客活动的开展

（1）多学科领域的结合

运用物理学中关于机械设计的思路与方法，参照千斤顶的工作原理，结合梯形螺纹传动的特点，在满足梯形螺纹强度的前提下，以体积小便于携带和便于操作为主要设计思路，这群小创客们设计了一种便携式手动加压装置，实现海水的淡化。

运用生物学中的反渗透原理，对膜一侧的海水施加压力，当压力超过它的渗透压时，溶剂会逆着自然渗透的方向做反向渗透。从而在膜的低压侧得到透过的淡水，高压侧得到浓缩的溶液，即卤水。原理如图1-6所示。

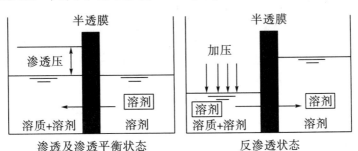

图1-6 渗透原理图

（2）创新设计

①装置设计（如图1-7所示）：

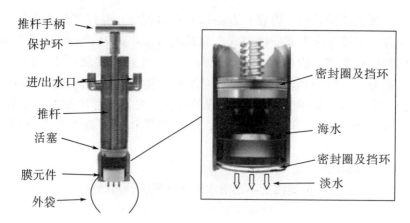

图 1-7 装置设计图

②该便携式手动海水淡化装置小巧易携带，可以装入传统救生衣中，当遇到海上失事时，可以延长救援时间。

③此装置利用手动加压，简单方便，不需要外加电源作为动力，可持续获得淡水（如图 1-8 所示）。

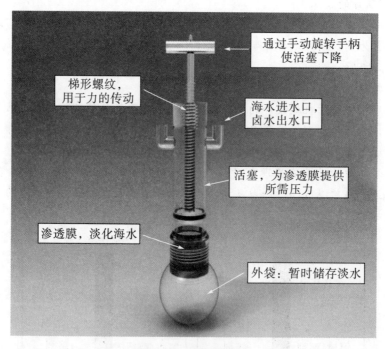

图 1-8 装置应用图

本次创客教育模式的实践探索渗透了创客教育理念，以学校物理实验室、化学实验室、生物实验室等场所共同作为学生们的创客空间，同学们发挥自由想象，合作探索，动手设计并制作，最终完成了创意作品。在本次创客活动中，同学们将自己的创意变成了现实，从真正意义上变成了一位创客！

参考文献

［1］李秉德. 教学论［M］. 北京：人民教育出版社，1998.

［2］［3］［4］高金丽. 创客教学模式的设计与实践研究［D］. 上海：华东师范大学，2016.

［5］［7］袁大芳. 跨学科视角下中学创客课程开发与实践［D］. 上海：华东师范大学，2019.

［6］杨现民. 建设创客课程："创课"的内涵、特征及设计框架［J］. 远程教育杂志，2016，35（3）：3－14.

［8］万超，魏来，戴玉梅. 创客课程开发模型设计及实践［J］. 开放教育研究，2017，23（03）：62－70.

［9］［11］吴永和，刘晓丹，仲娇娇，等. 创客教育课程设计与应用——以华东师范大学 2015 级研究生创新课程为例［J］. 现代远程教育研究，2017（1）：88－94.

［10］刘晓丹. 创客教育课程设计模式研究［D］. 上海：华东师范大学，2016.

2 化学实验创新

2.1 人教版（2019）教材化学实验统计分析

为了更好地顺应时代的发展，人民教育出版社于 2019 年正式出版普通高中化学新教材。新教材依据普通高中化学课程标准（2017）进行内容更新及编制。人教版（2019）教材基于分散知识难度的考虑进行编撰，充分考虑了学生的实际学习情况，减轻了学生在学习过程中的理解负担。

2.1.1 教材实验分类与分布

高中化学实验按照实验性质分类，包括定量实验和定性实验；按照实验者分类，包括学生自主实验和教师演示实验；根据师生认知过程的不同，又可以分为探究实验和验证实验。

人教版（2019）化学教材加强了对化学实验的编排[1]，见表 2−1。实验内容以科学探究为主，重视培养学生自主完成化学实验的过程，提升学生的思考能力和动手能力，培养学生的创新精神。新课程中的化学实验越来越贴近生活，注重探究，运用的教学手段也越来越先进。

表 2−1 人教版（2019）化学教材实验分类与数目

人教版（2019）教材	教师演示	探究活动	实验活动	研究与实践
必修第一册	19	4	3	1
必修第二册	13	4	6	2
选择性必修一	15	5	5	1
选择性必修二	11	5	4	2
选择性必修三	14	4	6	1

人教版（2019）化学教材的编写在继承旧版教材的基础上进行发展和创新，更新了教学内容和呈现方式，构建了科学的知识体系结构，优化了教材栏目，具体落实学科核心素养[2]，如图 2−1 所示。以人教版（2019）教材中"研究与实践"栏目为例，该栏目是对旧版教材中"实践活动"栏目的优化，通过微项目研究、开展课题等形式提出相

关任务，提供真实情境素材，科学地引导学生通过动手制作、实验、调研、设计方案等形式，运用所学知识和科学的研究方法解决相关问题。

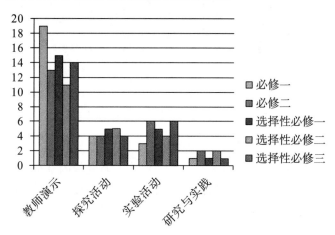

图 2—1　人教版（2019）化学教材实验分类与数目对比

　　化学新课程改革不仅仅是学习知识、形成知识理论的简单改革，更重要的是让学生主动去询问、去探讨、去追求，让学生提出问题、动手实验、解决问题，让学生明白在这个过程中学到什么、体会到什么、得到怎样的知识扩展和创新手段，培养学生参与创新的能力，设计相关的实验，以达到训练和培养学生创新思维能力的目的[3]。

　　教师在教学过程中，应以新课程标准为依据，基于高中化学学科核心素养，联系学生实际情况钻研新教材。根据教学目标，着眼于"以学生为本"的教学理念，整合出一套适合学生发展的教学方法。教师教学的总体取向要求教师要考虑学生学习该内容的目的，在学完本节课程后，应该让学生在哪些方面得到发展？一节真正有收获的课必然涵盖课程内容、教学方法以及教学评价。教师在教学过程中，选择的情境素材应与生活实际紧密联系，更多地关注社会热点，创设丰富多样的真实问题情境。教学中要注重挖掘栏目的潜在功能，关注"学法导引"中引导学生学会学习的方法，抓住学生的最近发展区，精心优化教学，使学生的化学学科素养得到全面的发展。在实验教学中，注重学生思维与动手能力同时提高，使其感受到化学在生活中的价值。

2.1.2　教材实验应用存在的问题

　　（1）教材中一些实验现象不明显[4]。

　　在教学中，学生没能观察到对应的现象会使学生对实验产生不信任感，课堂效果适得其反。比如制备氢氧化亚铁的实验，教材中对其描述为，观察到白色絮状沉淀，颜色立即变为灰绿色，最后得到红褐色沉淀，如图 2—2 所示。由于氢氧化亚铁易被氧化，存在时间较短，学生难以观察到白色沉淀。

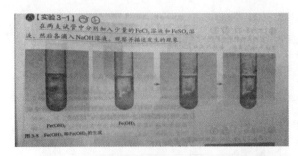

图 2-2 新教材中制备氢氧化亚铁的实验

（2）在实际的实验操作中因为各种原因而引发的实验异常。

在实验过程中试剂的用量、加入的顺序，加热的温度等因素都会导致实验结果的不同。例如，在银镜反应实验中需要制备银氨溶液，银氨溶液的制备是将氨水滴加到硝酸银溶液中，至产生的沉淀恰好完全溶解，氨水不能过量，否则会使后续实验产生安全隐患，如图 2-3 所示。

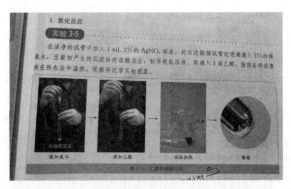

图 2-3 新教材中银镜反应实验中制备银氨溶液

（3）有些实验可以设计成一体化实验。

比如课本中对氯水漂白性的检验，在两个装置中进行，一个检验干燥的氯气能否使有色布条褪色，另一个检验氯水能否使有色布条褪色，如图 2-4 所示。这样不利于方便、快捷地完成实验，且不符合绿色化学理念。

图 2-4 新教材中氯水漂白性的检验

（4）有些实验安全系数不高。

比如二氧化硫漂白性的检验、蔗糖和浓硫酸反应的实验在敞口装置中进行，产生的二氧化硫未经过处理污染环境，如图 2-5 所示；又如"铝热反应"过于剧烈，产生强光，火星四射，安全系数不高。对于这类存在安全隐患的实验有必要改进。

图 2-5　新教材中蔗糖和浓硫酸反应的实验

（5）可对教材实验进行一些延伸和补充[5]。

例如，对氯水的不稳定性没有进行检验。催化剂对反应速率的影响，二氧化硫的制备和氧化性、还原性性质的检验也没有相对应的实验设计。

（6）教材中的某些实验未融合现代实验技术。

现在教学可以结合各种先进的手段更好的帮助学生理解。例如，酸碱中和实验可以利用到热传感器，结合计算机绘制出温度变化曲线，简单且直观。在必修一"离子反应"一课中，利用传感器绘制溶液导电能力的变化曲线，帮助学生理解离子反应的本质，如图 2-6 所示。

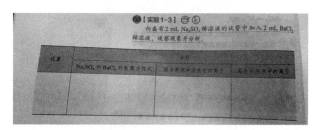

图 2-6　溶液的导电性实验

2.2　化学实验创新的意义

2.2.1　化学实验创新是落实化学学科素养的重要手段

2003 版课程标准提出"着眼于提高 21 世纪公民的科学素养"，要求学生收获知识与技能，掌握过程与方法，形成情感态度与价值观，但是三维目标的描述相对宏观，并没有对学生在某个阶段应该获得什么样的知识、技能、方法、情感等进行明确界定，因此一线教学实践的操作性不太强。而 2017 版课程标准所提的"化学学科素养"包含了化学学科的观念、思维、价值追求及科学探究等方面，包括宏观辨识与微观探析、变化观念与平衡思想、证据推理与模型认知、科学探究与创新意识、科学态度与社会责任等五个维度[6]。前三个维度从学科观念和思维方式的视角对化学学科基本知识和思维方法进行分类表述，高度概括了高中化学学科的本质特征，体现 2017 版课程标准对化学基本观念（大概念）的统领作用；后两个维度从育人价值的视角对化学学科的科学实践与社会责任进行分类表述，从实践层面激励学生创新，揭示化学更高层次的价值追求。这五个维度之间具有内在的本质联系，是有机统一的整体，贯穿于整个高中化学学习的全过程。两版课程标准课程目标关系如图 2-7 所示。

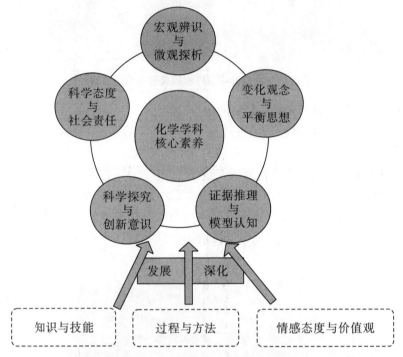

图 2-7　两版课程标准课程目标关系

2017 版普通高中化学课程标准指出，化学课程的基本理念就是通过化学实验等多种探究活动，激发学生学习化学的兴趣，体验科学研究的过程，强化科学探究的意识，从而在实践中培养学生的创新精神和实践能力。化学是一门以实验为基础的学科，化学实验可以直观地展示实验现象，通过问题导学，引导学生从宏观辨识深入微观探析；化学实验可以通过数字化技术呈现化学反应过程中物质变化的趋势，结合图形分析讨论，发展学生"变化观念与平衡思想"这一素养；化学实验可为知识的建构提供很好的证据，有助于学生"有理有据"地进行探究，促进知识的形成与内化；可以通过改进和创新化学实验，发展学生"科学探究与创新意识"素养；化学实验中绿色化设计、尾气处理、药品节约等细节能潜移默化发展学生"科学态度与社会责任"素养。

总之，实验教学的创新可以大幅提升学生的学习效率。学生在创新实验课堂中进行开放式科学探究活动，由单一的知识获得变为多维的素养提升。新课程标准背景下，化学教师应充分发挥实验教学的功能，通过创新化学实验教学去培养学生化学学科核心素养。

2.2.2 化学实验创新是促进教师专业发展的有效途径

我国著名学者叶澜将教师专业发展的内在结构分为教师的教育信念、专业态度、知识与能力、专业发展的意识与需求几个维度[7]。专业发展既指增进人的专业知识、技能和态度的过程或活动以及必要的条件支持[8]，也包括学校如何重新设计教育结构和文化。专业发展的核心是教育作为一个专业、教师作为一个专业人员有意识的、持续的、系统的发展。不管学校如何改革，如何组织或结构重组，高质量的教师专业发展都是教育建设的中心，教师专业技能的更新是发展的根本[9]。

教师专业发展是一个漫长、循序渐进、具有连续性与阶段性的过程。从阶段性来讲，教师专业发展会经历"新手阶段→中间阶段→高水平阶段"。新手型教师，由于对教材不熟悉，实验教学经验欠缺，通常表现以下不足：教材实验生疏、实验基本操作和技能不熟练、演示实验较多、学生实验少、实验教学组织调控能力较差、不能妥善处理实验过程中的偶发事件，不能对实验进行改进和创新设计，不能较好地利用实验进行探究式教学等。这些问题都反映出新手教师的化学实验教学水平较低。中间阶段教师已经具备一定的实验教学能力，但对于实验出现的问题，不能有效地改进和创新，缺乏创新意识和动力。

化学实验创新过程不同于日常的实验教学，而是在此基础上开展的创作性活动，能有效提高教师实验动手能力、实验设计能力，增强实验改进和创新意识，提升教师实验素养，促进教师专业化发展。

2.3 化学实验创新的内涵

2.3.1 化学实验创新的特点

"创新"一词最早来源于拉丁语，是指去更新、创造新的事物，勇于提出有别于常人或者常规思路的见解，通过改进新的方法、元素、途径等形式来满足社会需求的一种行为[10]。

"化学实验创新"是指在化学实验教学中，对教材中某个化学实验在实践中存在的问题，有针对性地进行改进或者创新，优化实验，以确保创新后的实验效果明显优于教材原有实验。例如，对常规实验的微型化设计，对性质验证型实验创新改进成探究类实验等。化学实验的创新可以帮助学生打开思维，多角度考虑问题寻找创新的着手点，比如对实验仪器的创新、实验原理的创新、实验教学方式的创新等。化学实验创新具有以下特点：

（1）实验设计的创新性

化学实验设计应具有独特之处。例如，探究碳酸钠和碳酸氢钠分别与稀盐酸反应的机理一直是教师与教材想要解决的难点[11]，"气球法"设计仍是主要方法[12,13]。但实验过程中发现气球膨胀的快慢并不明显，难以比较反应的快慢。有研究者借助手持技术进行改进，能够科学直观解释碳酸钠与盐酸分步反应原理[14]。教材原有实验及其创新设计对比如表2-2所示。

表2-2　教材原有实验及其创新设计对比

教材原有实验	创新设计1	创新设计2
	将针管作为反应装置，根据反应生成气体使压强的变化导致液体喷出针头的速度快慢并结合一定的反应时间，定量比较碳酸钠和碳酸氢钠与稀盐酸反应生成 CO_2 的速度快慢。	可以借助手持技术对盐酸滴定碳酸钠与碳酸氢钠的pH变化进行记录，通过滴定曲线更加科学直观地展示碳酸钠与盐酸的分步反应，实验装置如上。

（2）实验装置的简易性

创新实验相对于常规实验而言，它的装置更为简易，实验药品更为微量化，这也是化学实验创新的又一个特点即为简易性。例如研究"84消毒液"的化学性质时，如果改在点滴板中进行，相比在试管中进行实验，反应所需的试剂减少，所需要的实验仪器减少，实验演示所需要的时间也会大大缩减。

（3）创新实验的探究性

化学实验创新是服务于教学，实验是化学教学"情境"的主体，绝大部分教学内容是通过创设实验情境来完成的。例如在研究原电池工作原理时，可以通过创设水果电池使音乐贺卡发声实验来激起学生探究欲望，促使学生联想导电的条件。

（4）实验内容的趣味性

夸美纽斯认为："正确的教学应能激起学生求知的欲望，对学习感兴趣并感到愉快。"兴趣能调动学生学习的积极性，激发学生自主学习。化学实验创新应具有趣味性这一特点，例如设计"魔棒点灯""雨落红花开""烧不坏的手帕"等趣味实验来研究物质的性质。这些魔术化的实验更能激发学生学习化学的兴趣。

2.3.2　化学实验创新的设计原则

化学实验创新必须遵循科学性、可行性、直观性、简约性、安全性、趣味性和创新性等原则，其中科学性、可行性、直观性、简约性、安全性原则是所有实验设计必须遵循的基本原则，而趣味性和创新性原则是针对实验创新的更高要求。

（1）科学性原则

科学性原则是实验改进和创新的首要原则。它是指实验创新必须保证实验的原理、实验操作程序和操作方法是正确的。例如有的教师在"铜催化氧化乙醇"实验设计中，将氧化铜代替金属铜作为该反应的催化剂，在设计上违背了化学反应原理，不符合实验设计的科学性原则。

（2）可行性原则

化学实验创新是配合课堂开展的教学活动，实验的设计和实施应符合课堂教学实际需求，符合学生发展的需要，化学实验创新必须具备可行性和可操作性。因此，实验运用的原理要切实可行，而且实验设计所选用的药品、仪器、设备、实验方法等在现行的条件下可以满足。例如"合成氨"实验需要高温高压，在中学实验室中不具备提供高温高压的实验条件，因此该实验就不可行。

（3）直观性原则

直观性原则是指实验现象要直观、明显，易于学生观察。因此在设计实验时，要看整个实验过程有没有明显的颜色变化，有没有沉淀产生，有没有气体产生，有没有明显的吸热或放热现象。只有直观、鲜明的现象才能更好地刺激学生的感官，有助于激发学生学习兴趣和探究欲望。

（4）简约性原则

简约性原则指的是实验创新设计要尽可能地采用简单的装置或方法，用较少的步骤和试剂，在尽可能短的时间（一般不超过 5 分钟）内完成。中学课堂只有 40 分钟，实验一般都是在课堂内完成的，如果设计的实验过于复杂、费时、不便于操作的话，那么将不利于教学。所以在设计实验创新的时候，我们应该注意以下几方面：①尽量设计较少的实验步骤和用较少实验药品，比如探究 SO_2 的制备及性质实验，可以将实验进行一体化处理；②探究最佳反应条件，将实验时间尽量控制在预定的时间内完成；③设计的创新实验条件易于操作。

（5）安全性原则

化学实验安全包括化学药品的安全性、实验过程的安全性和有毒性气体对师生身体健康及对环境影响造成的安全性。因此实验创新的设计环节需要教师严格把关，确保实验过程中学生的人身安全。此外，化学实验设计应本着绿色化学原则，树立环保意识。

（6）趣味性原则

在实验设计与改进的过程中，除了满足以上五个原则外，还可以注重趣味性开发，利用有趣的实验吸引学生注意力，激发学生的学习兴趣，让枯燥乏味的课堂充满活力。如"自制豆腐""滴水生火""吹气生火""喷泉实验""水果电池""使用硅胶猫砂在硅酸钠水溶液中生长展示化学彩色花园""利用氧化还原反应寻找犯罪嫌疑人"等实验，可以充分调动学生学习积极性，提升学生对化学的探究欲望。

（7）创新性原则。

创新实验的创新性原则包含两层意思。首先，实验活动要具备创新性。可以是活动本身是新颖的、有创意的、具有时代感的问题；也可以是解决问题的方法是不同于传统的、更方便的、更直观的，例如应用新型实验技术，如微型化学、手持实验技术等。其次，实验活动的设计要有意识地培养学生的创新性思维能力，要能启发学生发散思维，做出更多创造性的探索。

2.3.3 化学实验创新的类型

根据化学实验改进的内容与教材原有实验的关系，可以将化学实验创新分为改进型实验和创意型实验两类，如图 2-8 所示。

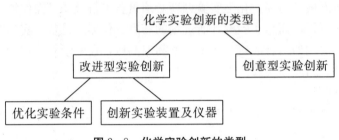

图 2-8 化学实验创新的类型

"改进型实验"是指对教材中那些条件不易掌握、反应时间较长、效果不明显的实验进行改进，使之更适合教学需要[15]。具体可以从以下两个角度进行操作：实验条件的优化、实验装置及仪器的创新。实验条件包括反应物的状态、浓度、用量、配比，反应体系的温度、压强、溶液的酸碱性以及催化剂的选择等。部分实验条件优化见表 2-3。

表 2-3 实验条件的优化

实验	实验条件优化的措施	优化条件的类型	实验条件优化的优点
浓硫酸与铜反应	铜丝代替铜片、浸湿的脱脂棉代替溶液、降低浓硫酸浓度	反应物状态、浓度	现象明显、反应速率快、节约药品
铁与水蒸气反应	硅酸铝棉替代棉花作水的载体	反应物载体	现象明显、实验速率快
焰色反应	利用倒扣的铝制易拉罐作酒精灯，一团钢丝球作药品载体	反应物载体	反应现象持续时间长、互不干扰
乙烯性质实验的再改进	实验药品选择，用乙烯利制备乙烯	反应物的获取	便于分组实验
甲苯使酸性高锰酸钾溶液褪色实验	以 18-冠醚-6 作相转移催化剂	催化剂	使两相界面的氧化还原反应转移到有机相，时间短，现象明显

实验装置及仪器的创新具体包括实验装置的改进与有机组合、日常生活用品的使用、数字化仪器（传感器、电导率仪、X 射线仪等）的使用，见表 2-4。

表 2－4 实验装置及仪器创新

创新方法	实例	改进优点
实验装置的改进与有机组合	实例 1 电解饱和食盐水实验装置的新设计[16] 碳棒（阳极） 长颈漏斗 碳棒（阴极） 饱和食盐水 三颈烧瓶 + ‖ －	将教材中作电解池的 U 形管换成三颈烧瓶，并与长颈漏斗组合，使得制备、收集、检验结合一体，简化操作，增强实验效果
	实例 2 浓硫酸与铜反应的实验改进[17] 洗耳球 胶头滴管 品红试纸 石蕊试纸 蘸有氢氧化钠溶液的脱脂棉 具支试管 双通管 钢丝 80%的硫酸	将铜丝经过胶头滴管进入具支试管与浓硫酸反应，可以随时控制反应的进程，同时在双通管中依次放入湿润的品红试纸、石蕊试纸和浸润氢氧化钠溶液的脱脂棉，组成二氧化硫的检验和吸收装置，完成了制备、检验、尾气处理的一体化，简化了实验操作，也提高了实验效果
日常生活用品的使用	实例 1 钾与水反应实验的新设计[18] A B C D E	利用一次性注射器、两通管、橡胶塞等制作出实验装置，这样的装置取材容易，制作简单，操作方便，现象明显

续表

创新方法	实例	改进优点
数字化仪器的使用	实例1　用沉淀滴定电导率法测定硫酸铜晶体中结晶水的含量[19] 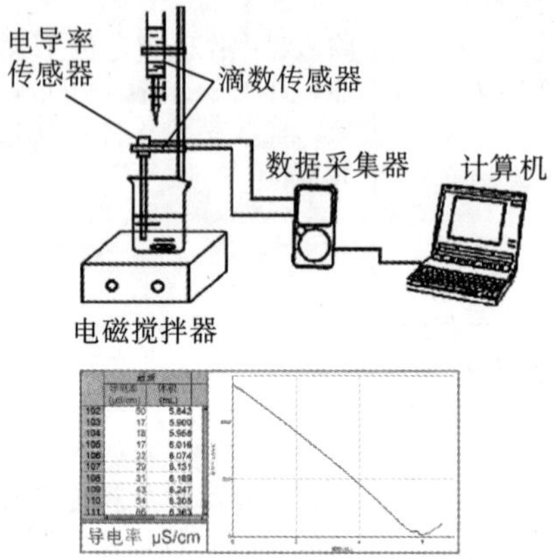 导电率 µS/cm	用电导率与溶液离子浓度的关系，设计了用沉淀滴定电导率法测定硫酸铜晶体中结晶水含量的实验。运用此数字化实验进行定量实验，不仅实验的误差小，而且操作简单，试剂用量也很小，实验效率高

　　"创意型实验"是指教材中未出现，由教师根据教学内容的需要，按照新的构思设计并开发的创意实验。具体可以分为三类，即开发化学实验仪器、增补教材实验和开发探究性实验。

　　开发化学实验仪器是指教师自主设计开发的更有针对性的仪器，是对原有化学实验仪器的补充。

　　增补教材实验是指教材中较难理解的知识，且没有实验提供教学支持，对教材进行增补实验。

　　开发探究性实验是指不拘于教材，对教材以外的实验资源进行开发和利用。

　　案例1

通过音乐体现离子浓度变化[20]

　　对于离子浓度的变化，我们可以用电导率传感器测定，用眼睛看见数据的变化，那还存在其他方式来体现离子浓度的变化吗？可以通过音乐去表达，用我们的听觉去感受离子浓度的变化。运用传感器、TI创新者系统和简单代码，设计实验，其装置如图2-9所示。此实验拓展了学生对实验现象的感知途径，并且极具趣味性，跨学科融入，更易激发学生的创新精神。

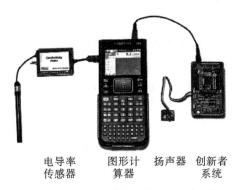

电导率　　图形计　扬声器　创新者
传感器　　算器　　　　　系统

图 2-9　通过音乐体现离子浓度变化的装置

案例 2

温度对化学平衡的影响

人教版教材采用如图所示装置来研究温度对化学平衡 $2NO_2$ N_2O_4 的影响，如图 2-10 所示。

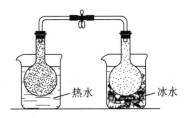

热水　　　　冰水

图 2-10　温度对化学平衡 $2NO_2$ N_2O_4 的影响的装置

在上述实验中，当盛装的烧瓶置于热水中时，瓶内气体温度升高，瓶内气体的压强也随之增大，于是出现两种因素——温度和压强同时影响化学平衡，不能直接得出温度升高，颜色加深，平衡向吸热方向移动的结论。

为了科学地得出这个结论，可以将该气体实验改为非气相反应，即没有气体参加的液相可逆反应体系进行研究，例如探究温度对 Fe_3 $+3SCN-$ Fe（SCN）₃化学平衡的影响。

2.4　化学实验创新的可行性路径

2.4.1　实验方案设计的创新

实验方案的设计是实验人员根据实验的要求和目的，运用有关化学知识和技能，在实验之前对实验的步骤、方法、应用的一种规划[21]。教师带领学生从教材实验原型开始，观察提出问题、设计实验方法、体验操作过程、归纳总结原理的实验改进与创新设计流程，正是培养学生科学思维与创新意识，调动高阶思维过程的科学探究过程。

案例 1

柚子果胶的制备实验[22]

乙醇一般都是作有机溶剂，而它也可以作沉淀剂。依据乙醇可作沉淀剂这一性质，设计了一系列实验从柚子皮中提取果胶。从切碎柚子皮、入水加热至 90℃保持 10 分钟、清洗柚子皮、混合酸液调节 pH 至 3～4、恒温 90℃保持半小时、抽滤、加乙醇、静置后过滤、再 60℃烘干，最后称重，这一系列的实验操作步骤简单。这样的实验可作为课外兴趣实验开展，以此来提高学生学习兴趣。

案例 2

色度传感器与数据采集器辅助探究影响 Fe^{3+} 水解的因素[23]

在"盐类的水解"一课中，有教师利用色度传感器与数据采集器辅助探究影响 Fe^{3+} 水解的因素，其中 $FeCl_3$ 溶液的配制，温度、pH、反应物浓度的调节等实验环节加强了对学生实验操作技能的训练，促进了学生对科学方法与科学探究过程的学习；认识 Fe^{3+} 水解程度时，传感器与采集器对 Fe^{3+} 吸光度的测定更让学生体会到了现代技术手段的创新对化学学科的重要价值。

综上，对实验进行创新设计要针对实验存在的问题，如现象不明显、实验产生污染、装置复杂、操作烦琐这些弊端，根据科学、环保、安全、简约等原则来对实验进行进一步的改进和创新。对于实验方案设计的创新主要可以根据课本知识进行新实验的开发和设计，也可以通过改变实验原理，进行实验的改进，这也为后续的实验创新设计策略的提炼提供了基础。

2.4.2 实验条件的改进

实验条件包括参与反应的化学物质的性质（形态、状态、浓度）、反应温度、有气体参加时反应的压强、溶液的酸碱度和催化剂等[24]。实验条件决定着实验的成败，所以很多实验创新会进行最佳实验条件的探究。通过改变实验条件来增加实验的成功率、简化实验的操作、加快反应的速率、突显实验的现象，为实验创新设计的策略奠定了基础。因此，探寻最佳实验条件成为实验创新设计的策略。

表 2-4 通过控制实验条件对实验方案进行优化的案例

实验名称	反应条件改进措施	改进后优点	优化反应条件
氯气的制备与性质实验改进	①10 mol/L 盐酸与 MnO_2 加热反应；②12 mol/L 盐酸与 MnO_2 水浴加热 35～40℃反应	无须明火加热制备氯气	浓度
银镜反应实验改进	银氨溶液中多加 2 滴 NaOH 溶液	常温振荡制镜	碱性条件
对焰色反应实验的改进	铝箔或铜片消除玻璃导管对火焰颜色的干扰	得到无色火焰	火焰颜色
氨气性质实验的改进	喷泉实验加水后取下烧瓶充分振荡	提高喷泉实验的成功率	振荡

续表

实验名称	反应条件改进措施	改进后优点	优化反应条件
钠与水反应的改进	利用注射器将钠与水隔开，然后进行实验	材料来源方便、装置密封性良好、便于学生分组实验、现象明显	反应物的接触方式

综上所述，通过改变实验条件可以增加实验的成功率、简化实验的操作、加快反应的速率、突显实验的现象。

2.4.3 现代化技术的应用

数字化仪器是现代化的实验技术产物，由传感器、计算机、数据采集器组成，其优点就是集数据采集和分析于一体，并且其结果直观、实时更新、精确，操作简单等。利用数字化技术进行化学实验可以将许多实验现象可视化，利于学生理解相关化学原理和概念，有利于开展探究实验。将手持技术与化学实验相结合，是开展研究性、探究性课堂教学的必然趋势。

案例 1

应用改进的常规色度传感器，测定气体颜色变化[25]

在应用传感器进行气态化学平衡移动的实验设计中，选用 NO_2 和 N_2 来研究压强对平衡体系的影响，压强增大与平衡右移引起的气体颜色变化相反，目测无法准确观察。通过用橡胶塞、塑料泡沫、注射器改进常规色度传感器，可用于测定气体颜色的变化，且无须遮蔽外界光源。利用数字化系统，通过压缩和提拉注射器两个简单的操作，得到了直观、准确的结果，实现了压强影响平衡体系的定量研究。

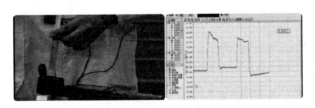

图 2-11 应用传感器进行气态化学平衡移动

案例 2

运用手持数字实验检测钠离子溶液中混有钾离子[26]

钾离子的检验一般是用焰色反应，根据火焰颜色来判断，然而透过蓝色钴玻璃看到紫色是比较困难的，不过分光光度计就可以很方便地测量出来，钾离子灼烧后的发射光谱波长已知，所以可以直接使用数字化手段对其进行实验的改进。这样的实验改进避免了焰色反应时的颜色干扰，直观又准确。钠离子溶液中混有钾离子的实验装置和光谱图如图 2-12 所示。

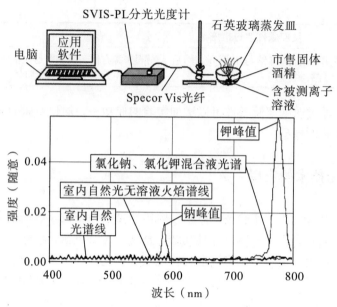

图 2-12 钠离子溶液中混有钾离子的实验装置和光谱图

综上所述，这些策略是可以相互联系，相互制约的存在，而不能孤立其中一个进行实验创新。实验的创新设计就是根据实验目的，依据实验创新原则，经由创新者的设计，使实验绿色化、生活化、微型化、简约化、探究化、现代化等。化学实验的创新设计会伴随社会的发展而不断发展，所以高中化学实验创新设计的研究仍存在广阔的前景。

参考文献

[1] 王啸. 人教版高中化学新教材化学实验的编排特点及教学功能探究 [J]. 基础教育，2017：179.

[2] 雷宇祺，兰国成，字敏. 新课标人教版高中化学教材的编排特点与启示——以元素及其化合物知识为例 [J]. 山东化工，2021（50）：214-215.

[3] 唐娟. 高中必修教材化学实验设计与创新旳研究 [D]. 长沙：湖南师范大学. 2012.

[4] 杜金铃. 高中化学创新实验的设计与应用研究——以必修课程《化学 1》为例 [D]. 温州：温州大学，2017.

[5] 潘云凡. 高中化学实验创新设计个案研究 [D]. 上海：上海师范大学. 2020.

[6] 中华人民共和国教育部. 普通高中化学课程标准（实验）[S]. 北京：人民教育出版社，2017：1+21-22.

[7] 叶澜等. 教师角色与教师发展新探 [M]. 北京：教育科学出版社，241.

[8] Liberman A, Miller L. 1992. Professionalization of Teachers. In M. C. Alkin（Ed.），Encyclopedia of Educational Research(6th ed.) Vol. 2. New York：Macmillan. 1045.

[9] Guskey T R, Huberman, M. 1995. *Professional Development in Education：New Paradigms and practices*. New York：Teacher College Press. 5.

[10] 郑红鹰. 中学化学实验中学生创新思维能力的培养 [D]. 苏州：苏州大学，2009.

[11] 伍强，方瑞光. 碳酸钠和碳酸氢钠与稀盐酸反应实验的创新设计 [J]. 化学教学，2016（8）：

63－65.

[12] 刘志峰，韩雪松. "先学后教"教学模式在高中化学教学中的应用——"碳酸钠与碳酸氢钠的性质"教学设计［J］. 化学教学，2016（10）：35－38.

[13] 史淑凤. 碳酸钠与碳酸氢钠鉴别创新实验［J］. 中学化学教学参考，2017（12）：44.

[14] 符吉霞，丁伟. 碳酸钠和碳酸氢钠与稀盐酸反应的创新实验设计及教学应用［J］. 教育与装备研究，2020，36（2）：28－32.

[15] 潘鸿章. 中学化学实验研究与创新［M］. 海口：南方出版社，2001：54.

[16] 李楠，罗兵，唐其生. 电解饱和食盐水实验装置的新设计［J］. 化学教学，2019（4）：66－69.

[17] 李文杰. 浓硫酸与铜反应实验的改进［J］. 化学教学，2019（7）：63－65.

[18] 王建芬. 钾与水反应实验的新设计［J］. 化学教学，2018（8）：63－65.

[19] 王雪艳，杨敏妍，陈佳阳. 用沉淀滴定电导率法测定硫酸铜晶体中结晶水的含量［J］. 化学教学，2018（7）：68－70.

[20] 曹晶伟. 通过音乐表现化学反应现象的尝试［J］. 化学教学，2019（3）：56－59.

[21] 李媛. 高中化学实验改进的探究与实践［D］. 重庆：西南大学. 2020.

[22] 杨德晗，伍晓春. 柚子果胶的制备实验［J］. 化学教学，2018（06）：65－67.

[23] 张英波. 高中化学实验教学创新研究［D］. 石家庄：河北师范大学. 2009.

[24] 弥佳杉. 基于创客教育理念的高中化学实验教学设计与实践研究［D］. 呼和浩特：内蒙古师范大学. 2019.

[25] 吴春露. 基于核心素养的新旧版高中化学教材中"物质及其变化"比较研究［J］. 广东化工，2021（13）：252－254.

[26] 王平安. 基于化学核心素养的高中化学创新实验研究［D］. 桂林：广西师范大学. 2018.

3 创客教育理念与化学实验创新的融合

3.1 创客教育理念在多学科领域应用的广泛性

2016 年教育部印发的《教育信息化"十三五"规划》明确强调,有条件的地区要积极探索 STEAM 教育、创客教育等新的教育模式在教学中的应用。自此,关于创客教育的研究兴起。从最初的理论研究到现如今的实践研究,创客教育理念在多学科领域的应用逐渐广泛,针对不同学科的特点,出现了各有特色的创客教育课程模式。同时,以创客教育理念为指导思想,研究者们正在进行多学科领域交叉融合的教学模式研究。分析创客教育理念在多学科领域应用现状与实例,对我们进一步研究创客教育理念在化学实验创新领域的应用具有指导意义。

3.1.1 创客教育理念在多学科领域应用现状

截至 2021 年 9 月,在 CNKI 以"创客教育"为关键词检索,显示共有 5555 条结果。而以"创客教育""教学"为联合关键词,显示共有 4082 条结果,高相关度文献 238 篇,研究文献篇数随时间变化见表 3-1,如图 3-1 所示。

表 3-1 研究文献数随时间变化

时间	2016 年及以前	2017 年	2018 年	2019 年	2020 年及以后
文献篇数	26	33	59	62	58

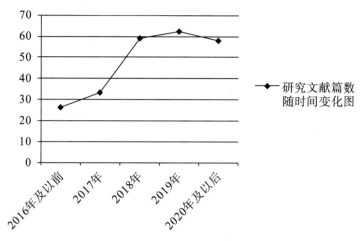

图 3-1　研究文献数随时间变化图

由此可见，从《教育信息化"十三五"规划》发布以来，有关于创客教育的研究骤增。最初的研究文献多以理论研究为主，着力于对相关概念的界定以及应用模式的探讨。随着概念的清晰与模式的成熟，开始转向创客教育理念在多学科领域的实践与对比实例研究，且数量不断增多。

应用研究涉及的学科范围广。近年来，创客教育理念在多学科领域的应用实践囊括了各个学段的各个学科，包括但不限于信息技术、通用技术、物理、英语、语文等。创客教育理念为各学科实施创新性教学提供了新的思路，而创客教育理念着重"实物""创新""知识可视化"，强调实践的重要性，所以信息技术、通用技术、小学科学、物理、化学、美术学科的应用案例较多。

同时，应用研究已细化到具体的教学环节。创客教育理念在国内发展、应用的时间并不长，但现有的各个学科领域的应用案例中，相关研究已经细化到项目的选择、具体活动的设计与实施、对应的评价标准等。日趋成熟和规范的教学模式让创客教育理念并非"纸上谈兵"，精细化的应用研究也让其具备了借鉴性与实际可操作性，更进一步佐证了创客教育理念在培养学生关键能力和创新意识方面的指导意义。

然而，跨学科融合的应用仍需进一步加强。2019 年的高考综合改革，走过了一条务实前行的艰苦奋进之路。学前教育、义务教育、高中教育三大领域顶层设计悄然完成、全面发力[1]。而《评价体系》中明确了考查要求，即"基础性、综合性、应用性、创新性"（如图 3-2 所示[1]）。而学科之间、各个知识点之间本身不是割裂的，而是处于整个知识网络之中，必备知识与关键能力、学科素养、核心价值之间紧密联系，形成具备内在逻辑联系的整体网络。

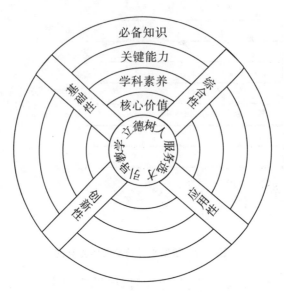

图 3-2 评价体系中的考察要求

　　而现有应用研究中，创客教育理念除了在多学科领域应用广泛以外，研究者们也致力于打破不同学科之间的活动壁垒，寻找学科之间的内在关联，融合物理、化学、生物、通用技术、信息技术等多学科知识，以发展学生核心素养为目标，实现跨学科的综合应用与融合实践[2]，但这方面的研究数量并不多，仍需加强。

3.1.2　创客教育理念在多学科领域应用实例

　　针对不同学科的特点，研究者们在设计上呈现出了一些区别。对于课时内容精小且具体的学科内容（如物理、化学、英语等），在单一课时中进行创客教育更倾向于实践模仿—创新型，能在较短时间内完成既定任务的同时体现较大的思维容量，设计短小精悍。而对于小学科学、通用技术、信息技术等动手操作性强的学科，则更倾向于在课程中制定学科主题大项目，并根据课时安排拆分成具体的小任务予以完成，设计更具有连贯性。

　　实践模仿—创新型也可用"学—做—创"来概括，贯彻了创客教育理念中提倡的动手实践思想。实物的制作与产品的输出可以将抽象的知识实体化，也可以根据实际项目任务在真实的情境下分析问题、团结协作、动手实施、得出结论、反思评价，在实践中构建知识，创新性地完成既定项目，培养关键能力。

　　但是对于学生来说，由于知识的不足以及能力的欠缺，最初往往难以完成实验项目，需要教师进行指导。此时，模仿学习可以作为教学的第一环节，学生在模仿中发现问题、分析问题并解决问题，最终得出结论。教学模式如下[3]：

案例1

初中物理课堂：水的沸腾[4]

教师课堂上带领学生一起烧开烧杯中的凉水。在跟着模仿完成实验的过程中就有学生提出问题："怎么水还没开啊！我们能不能让水快点烧开？"教师及时肯定了他的想法，接着问："谁有解决方法来帮帮我。"最后学生们根据生活经验，讨论出了缩短加热时间的方法。实验过程中教师还故意未在烧杯上加小纸盖，导致后来温度计示数不方便读取。学生自己设疑，解释了小纸盖的作用。就连水沸腾过程中要吸热的原理，也是学生通过小组讨论并动手实验得到的。

案例2

初中信息技术：LED 按钮灯制作[5]

学习阶段	学习活动
情境引入	引入真实情境中的问题，教师引导学生对现实问题进行思考，引出项目活动，激发学生的学习兴趣。
"学"	课前利用教师提供的微视频进行学习，学习内容为项目所需要的基础性知识和拓展性知识以及软硬件，课上教师集中讲解重难点知识以及简单演示。
"做"	构建学习共同体，根据学习内容以及教师演示，分小组尝试练习软件用法，电子元件的连接规则，将理论知识进一步内化。
"创"	小组进行头脑风暴，构思该项目如何实现，通过连接 LED 按钮灯硬件，探究创新连接法及拓展应用领域，逐步完成创意作品。
展示评价	学生填写反思评价表，并将小组作品展示到平台，分享设计思路以及创意想法；学生、家长、教师等多元主体参与评价，在交流分享的过程中，学生可不断进行迭代改进。

除此之外，面向主题的创客课程也被广泛应用于实际课程中，以主题为主线，突出科技与人文的结合，关注创新、分享与知识运用。这一模式在小学科学、通用技术等动手性强的学科中应用广泛，对于一些校园创新性主题活动也同样适用，并且取得了较好的效果。而这些项目任务通常是一个比较大的活动，不仅需要较长时间，且难以独自完成，需要小组合作。因此，项目的完成需要将大项目拆解成可便于实施的小任务，在一个个小任务的完成中逐步实现大项目的目标，具体环节如下[3]：

选定主题 ⇨ 设计课程 ⇨ 细化活动 ⇨ 完成主题任务 ⇨ 交流分享

这一模式的好处在于大项目不仅可以包含更多的学科知识，还可以将学习过程转化为具有认知性、工具性、交往性的实践，小任务的设计细化且连贯性，有利于知识体系的形成，发展学生的长线创新思维。

案例1

初中信息技术：校园竹林设计[2]项目的实施计划：

项目阶段	项目分析	项目任务	课时
前期准备	提出目标，各阶段任务分解	根据校园实际选择竹林位置，构思竹林设计方案，制作项目作品评价量规	2

项目阶段	项目分析	项目任务	课时
项目实施	任务所需材料，技能学习与应用，制作项目作品	学习相关技能（形状的绘制与修饰、图片设置、版面设计等），收集加工所需材料（竹园、竹子图片等），动手完成竹林设计	6
项目评价	项目作品展示评价、交流分享	交流评价项目作品，修改完善作品并分享	2

案例 2

<h3 style="text-align:center">小学主题活动：校园鸟巢书屋[2]</h3>

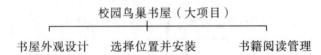

校园鸟巢书屋（大项目）

书屋外观设计　　选择位置并安装　　书籍阅读管理

　　引导学生应用数学知识对书屋尺寸进行合理设计与测量，应用美术知识美化书屋外形等，鼓励学生运用不同思路、多种方法，完成书屋的设计及管理任务，体验设计与创造的快乐。

　　综上所述，依据不同的课程内容，创客教育理念在具体操作过程中衍生出了不同的教学模式。但这些教学模式并非相互独立，而是相辅相成的（如图 3-3 所示[6]），体现了创客教育理念真正的内核：实践、创新、分享。

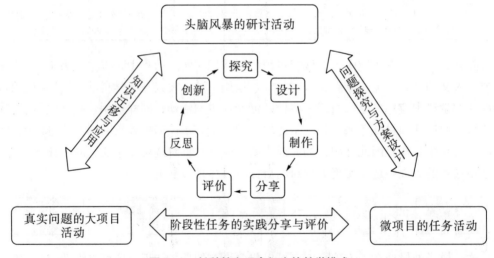

图 3-3　创科教育理念衍生的教学模式

　　从应用实例中不难发现，在具体实施中，设计者们需要重视真实情境的引入。情境中蕴含的真实问题是学生知识建构的载体，在整个学习过程中都能激发、推动、维持、强化和调整学生的认知活动、情感活动和实践活动等，让学生的思维不断地走向深入，建构有意义的知识体系[7]。高考评价体系也规定了高考的考查载体——情境，以情境来承载考查内容，实现考查要求。

　　除此之外，课程中需突出问题的提出与解决。鼓励学生以创新思维来分析和研究问题，鼓励学生以项目学习的方式来处理和研究问题，同时强调多学科知识综合运用的重要性[8]。在真实的问题思考、探究、解决与应用中感知学习的主要方法，发展实验创新、证据推理等关键能力，并能够基于所学解决其他陌生、复杂的问题，培养多元的学科素养。

最后，反思与评价是创客教育中的关键一环。积极正向的评价反馈，对学生创新意识的持续性发展具有深层次的力量。在交流分享评价中，通过吸取他人的意见进行设计优化，引发头脑风暴，掀起新一轮的创客思维。在评价的过程中，需要制定基本的评价规则，参与评价的主体以及评价的方式可以综合化、多元化，学生、家长、教师都可以参与到评价的过程中来，甚至可以设计评价反馈表（表3-2）[5]，使评价更加细化。

表 3-2　创客教学模式评价反馈表

问题	学生回答
项目完成的过程中遇到了什么挑战？	
在挑战中学到了什么？	
在制作作品时用到了什么创意？	
哪些创意没有实现？为什么？	

参考文献

[1] 中华人民共和国教育部制定. 中国高考评价体系（2019年）[M]. 北京：人民教育出版社，2019.

[2] 陈峻英. 跨学科视域下创客教育的项目化育人实践 [J]. 基础教育参考，2021（8）：42-44.

[3] 赵呈领，申静洁，蒋志辉. 一种整合创客和STEM的教学模型建构研究 [J]. 电化教育研究，2018，39（9）：81-87.

[4] 高慧. 把创客教育融入物理实验教学 [J]. 发明与创新（中学生），2021（8）：40-41.

[5] 张宇婷，秦健. 基于创客教育的"道"与"术"提升中小学生核心素养实施策略——以Arduino案例设计为例 [J]. 中国教育信息化，2021（16）：44-47.

[6] 董琳雪. 创客教育理念下的高中通用技术教学探究 [J]. 中小学数字化教学，2021（4）：69-72.

[7] 杨玉琴，王祖浩. 教学情境的本真意蕴——基于化学课堂教学案例的分析与思考 [J]. 化学教育，2011，32（10）：30-33.

[8] 杨金花. 创客教育视角下的高中物理教学优化 [J]. 中学物理教学参考，2021，50（12）：5-6.

3.2　实施创客教育理念对化学学科素养发展的可行性

3.2.1　化学教学应以素养为本

2016年9月，《中国学生发展核心素养》正式发布，提出了中国学生发展核心素养框架，具体细化为国家认同、社会责任和人文积淀等18个要点。2017年林崇德在研究中指出，核心素养是指学生在接受相应年龄学段教育过程中，逐渐形成的适应个人发展和社会发展需要的必备品格和关键能力[1]。它在知识、技能、情感、态度、价值观等多方面对学生提出要求。

对于化学核心素养，目前并没有针对这一概念的统一界定。一般认为化学学科核心素养是由化学学科特需的必备品格和关键能力构成，是从化学学科角度促进学生终身发展、成功生活和社会良好运作的，以化学知识、化学思维、化学观念为基础形成的具有化学学科特色的素养[2]。《普通高中化学课程标准 2017 年版》提出，化学核心素养包含"宏观辨识与微观探析""变化观念与平衡思想""证据推理与模型认知""科学探究与创新意识""科学态度与社会责任"。

核心素养作为一种基本素养，是成为一名合格的社会公民所必备的能力。化学学科核心素养是核心素养的重要组成部分，培养核心素养，必须以学科核心素养的培养为基础。因此，化学教学应以素养为本。课标要求教师重视开展"素养为本"的教学，倡导真实问题情境的创设，开展以化学实验为主的多种探究活动，重视教学内容的结构化设计，激发学生学习化学的兴趣，促进学生学习方式的转变，培养他们的创新精神和实践能力。

课堂教学是达成化学课程与教学目标，落实化学课程与教学内容的重要途径。"素养取向"的化学课堂教学的基本理念是"素养为本"，强调运用所学的"双基"以及科学过程和科学方法解决真实问题。

基于化学学科核心素养发展的课堂教学设计需要树立"整体观"，应围绕化学学科主题来确定其素养发展价值，而不应局限于"局部"进行"标签式"的所谓"素养为本"的教学设计。化学学科主题指的是能够统摄一类化学知识的化学学科核心概念或化学学科思想与观念。基于化学学科主题的教学，可以充分发挥化学核心概念的统摄作用，使学生的化学学习由"散点"变为结构化，形成从基本概念到核心概念再到学科大概念的层级清晰的良好知识结构，从而实现化学知识的功能化和素养化。

为实现基于化学学科主题的整体教学设计，教师的教学设计思路也应相应拓宽。

化学课结构的"板块化"设计。"板块"一词源于地质学的"板块构造"理论，化学课堂教学板块是一节化学课的构造单元，换言之，一节化学课是由一个个"板块"构成的，各个板块一起构成了一节完整的化学课。板块作为化学课的构造单元，是一个"五脏俱全"的综合整体；各个板块之间相对独立又浑然一体。板块逐渐形成了课堂教学中考察课堂教学系统的新视角，成为探寻课堂教学规律新的生长点[3]。

化学课内容的"任务化"设计。化学学习任务是指，在化学教学中为实现一定的化学教学目标、落实一定的化学教学内容，由教师和学生共同完成的学习课题。它是化学课堂教学板块的构成要素之一。而化学学习任务，则包含了内容要素和方法要素两个构成要素。内容要素，回答"做什么"的问题，表征化学学习任务的内容；方法要素，回答"怎么做"的问题，表征化学学习任务的完成途径或方法。同一化学学习任务，往往意味着内容要素同一，而方法要素却不尽相同。正是因为方法要素的差异，导致了内容相同而任务不同。化学学习任务这一特点，为化学学习任务的素养功能设计奠定了基础[4]。

化学课活动的"多样性"设计。学生的化学学科核心素养是在化学学习活动中形成和发展的，又是在化学学习活动中表现出来的。因此，基于化学学科核心素养发展的化学课堂特别强调化学学习活动的素养功能设计。教师应依据化学教学目标明确化学学习活动的素养功能定位。例如，在"硫及其化合物"教学中，"能从物质种类和元素价态视角选择硫及其化合物的转化路径"是该内容教学的一条重要教学目标。为达成这一目标，教师可以引导学生开展小组讨论交流（教学活动），运用设计、分析、比较、评价、选择等科学思维活动，对于发展学生"证据推理与模型认知"素养具有重要价值。教学活动与科学思维活动，体现了活动的多样性，二者的协调融合，可以大大提升"素养为本"化学课堂教学的有效性[5]。

化学课情境的"真实性"设计。真实、具体的问题情境是学生化学学科核心素养形成和发展的重要平台，也为学生化学学科核心素养提供了真实的表现机会。化学学习情境就其功能来看，主要分为两种：一是建构性化学学习情境，其主要功能是帮助学生建构化学学科核心概念和基本观念；二是迁移性化学学习情境，其主要功能是帮助学生学以致用，运用所建构的化学核心概念和学科基本观念解决实际问题。"激思""激疑"是化学学习情境最基本的功能，因此，无论是建构性化学学习情境的创设，还是迁移性化学学习情境的创设，都应注重引发学生的认知冲突，使学生产生各种化学问题。化学知识的社会性特征，决定了化学知识的学习不能简化为化学概念的单纯记忆和表面理解，不能简化为抽象的化学概念和理论的推演和应用。事实上，任何化学概念的建构都是有情境的，任何化学知识都具有社会价值，其价值的体现也是有情境的。因此，对于发展学生化学学科核心素养的化学教学来说，设计真实的化学知识的建构性和迁移性学习情境都尤为重要[6]。

化学课目标的"素养化"设计。素养取向的化学教学目标如何设计，是开展"素养为本"化学课堂教学设计面临的一个新问题。化学课时教学目标应依据化学学科核心素养的内涵及其发展水平、高中化学课程目标、高中化学课程内容及学业质量要求（"学业要求"和"学业质量标准"），结合学生的已有经验，在对一节化学课的板块结构、学习任务和学习活动安排进行整体规划的基础上加以设计[7]。

对于学生化学学科核心素养发展而言，评价也是一个重要的环节。素养为本的教学要求教师准确把握化学课程标准的内容与要求，设置过程性评价目标、内容及评价方式，重视结果分析与评价反馈，最后达到教育的目的。

过程性评价对素养为本的教学提出了新的要求，教师需在课前、课中、课后对学生进行及时有效的评价。课前预习过程中，学生进行自我评价和小组评价，在自评、互评模式下，相互督促学习。此时教师应注意指导学生的课前评价，通过教师指导课前预习的导学案内容，学生能对即将学习的知识产生兴趣，且更容易吸收对应知识。同时教师要注意，导学案的素养目标和评价目标要明确，保证导学案合理，让学生了解这节课具体的素养目标和重难点，保证学生能够有针对性地进行课前预习。课中，由于教师很难照顾到每个学生，特别是化学实验课或者小组活动课时，因此教师评价应与学生互评有机结合，使得课中评价更加科学。通过自评与互评的模式，学生可以自我反思，产生学习欲望，激发自身潜能。教师的课中评价还能强化教学效果。课后，教师通过作业的评价价值，及时反馈学生作业情况，了解自己教学目标的达成情况。通过上述方式，发挥课后评价对学生化学核心素养的诊断和培养功能[8]。

参考文献

[1] 林崇德. 中国学生核心素养研究 [J]. 心理与行为研究, 2017, 15 (2): 145-154.

[2] 陈进前. 化学必修课程与化学学科核心素养的匹配性研究 [J]. 化学教学, 2018 (5): 3-8.

[3-7] 房喻徐端钧. 普通高中化学课程标准解读 [M]. 北京: 高等教育出版社, 2020.

[8] 闫萍. "素养为本"的高中化学教学过程性评价研究 [D]. 黄冈: 黄冈师范学院, 2021.

3.2.2　创客教育理念有利于实现学生素养发展

已有许多实例证实创客教育理念引领下的教学能够促进学生素养的发展。

例如，在《走进化学实验室》一课，教师在教学实施过程中，能明显感受到学生课堂参与度提升，实验课程进行得流畅顺利。"创案、创物"环节，学生的自主性很强，想象力丰富，课堂中能够发现很多惊喜，如图3-4所示。"化学实验仪器表情包"的绘制生动形象，得到大部分同学的认可与喜爱。实验过程中小组全员合作密切，每个同学都能够发表自己的观点意见，分工合理明确。能够依靠小组的能力解决大部分问题和困难，基本达成教学目标，发展了学生的创客素养。

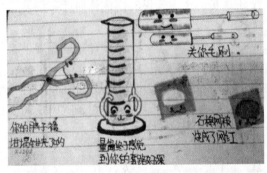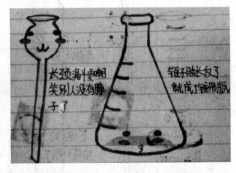

图3-4　走进化学实验室学生"创案"情况

又如关于SO_2的学习，教师基于创客教育理念引领下设计了"SO_2的性质""空气中SO_2含量测定""模拟接触法制硫酸"三堂化学实验课，如图3-5、3-6、3-7所示。从最终反响来看，这些课不仅得到了学生的喜爱和认可，也让部分教师认为结合创客教育理念的实验课有可取之处。通过对比实践，发现学生整体创客素养得到明显提升。基于创客教育理念的化学实验教学，不是针对学生某一方面的能力进行培养，而是在教学过程中不断渗透，将创客素养的四个方面有机地结合在一起，使学生的创客素养得到整体的提升。在创客教育理念下，学生们能够以"小创客"的角色去发现问题，积极探索、勇于创新，努力寻求解决问题的办法，在小组合作学习中以彼之长补己之短，在愿意表达自己观点的同时学会了虚心倾听。学生不再是知识的被动接受者，而是逐步变成了积极的探索者[2]。

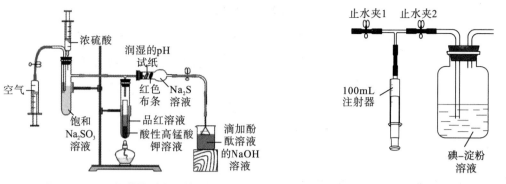

图 3-5　SO$_2$化学性质实验装置图　　　　图 3-6　空气中 SO$_2$含量测定实验装置图

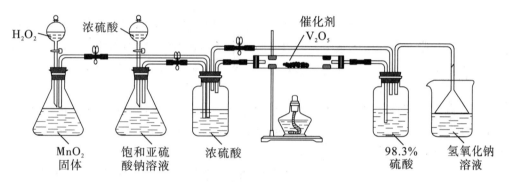

图 3-7　模拟接触法制硫酸实验装置图

上述例子表明，创客教育理念下引导的化学实验课堂能有效发展学生的化学核心素养，特别是科学探究与创新意识素养。但创客教育理念引领下的化学活动课程的设计及实践研究始终都是一条需要无数化学教育工作者探索的泥泞的道路。对每一位新时代的化学教师来说，这是一项光荣而艰巨的任务，是时代对我们的要求。如何让"创客教育"与"化学学科"牢不可分，是未来很长一段时间里化学教育工作者们思考的问题，这也是未来很长一段时间里化学教育工作者们研究的重心[3]。

参考文献

[1] 梅新兰. 创客教育理念下的初中化学实验教学研究与实践［D］. 石河子：石河子大学，2020.

[2] 弥佳杉. 基于创客教育理念的高中化学实验教学设计与实践研究［D］. 呼和浩特：内蒙古师范大学，2019.

[3] 郑一. 创客教育视野下高一化学活动课程设计与实践研究［D］. 贵州：贵州师范大学，2019.

3.3　创客教育理念与化学实验创新的融合

创客教育的教学提倡"做中学"，以培养学生的创新思维和创新操作技能为宗旨。基于创客教育理念，结合高中化学实验教学实际，设计了高中化学创新实验的教学流程，如图 3-8所示，引导学生在真实情景中发现问题、分析问题、解决问题，并交流想法，旨在培养学生的实验创新意识与解决实际问题的能力。

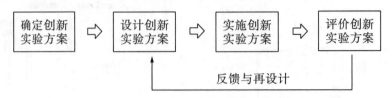

图 3-8　高中化学创新实验教学流程

3.3.1　确定创新实验方案的方向

化学实验课程与创客教育理念适配度较高，但实验主题项目的设置并不是孤立的，而是在整个化学学科知识体系中，所以实验的选择与设置需要有前瞻性，既要满足当下学生发展的需要，同时也应为后续的知识生长留下空间。因此，对整个高中化学体系板块的划分显得至关重要。

结合新课程理念，拟将高中化学实验粗略划分为"概念与原理""元素化合物""有机化合物""物质结构"四大板块，板块内的知识在思维逻辑上具有共性。依据以上板块的划分，可以为设计者确定创新实验方案提供方向。

在内容的选择上，应当设置与学生的认知水平相匹配的、与学生的发展需求相适应的课程任务，课程中应能体现时代性与创新性。除此之外，课程任务还应尽量与生活实际相结合，并能够设置成情境问题在课程中予以实现，让学生在问题的探索中完成学习任务。但内容的设置也需要具有一定的挑战性，为学生提供能力训练与思维发展的空间。

3.3.2　设计创新实验方案

创客教育理念为高中化学实验的设计提供了新的思路，针对两者的特点，创新性地设计了如图 3-9 所示具有实践性和可操作性的教学流程。

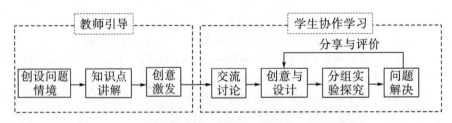

图 3-9　创客教育理念下高中化学创新实验教学流程

根据创客教育模式的高中化学实验教学流程图，以"苯酚的性质探究"和"离子反应"为例，从方案的设计、方案的实施、方案的评价等方面具体介绍了如何设计创客教育引领下的高中化学实验创新课堂。

苯酚的性质探究见表 3-3。

表 3－3　苯酚的性质探究

教师引导	创设问题情境	苯酚甘油抑菌液是生活中常用的药物（给出具体说明书），药物的主要成分苯酚具有怎样的性质呢？
	知识点讲解	有资料表明，苯酚可以抑菌止痛，所以苯酚在这个药物中主要起到抑菌的效果。 探究实验的一般步骤： 提出问题和假设 ⇒ 设计方案 ⇒ 实施实验 ⇒ 获取证据 ⇒ 分析解释或建构模型 ⇒ 形成结论 ⇒ 交流评价
	教师引导	问题 1：请同学们仔细观察苯酚甘油抑菌液的图片，它的主要成分有哪些呢？甘油的作用又是什么？ 问题 2：苯酚为何不能和碱性药物并用？由此，你能推测苯酚可能具备怎样的性质呢？ 问题 3：苯酚抑菌液要及时密封，长期敞开容易变质。但是，如何检验久置的苯酚甘油抑菌液是否仍有效？
学生协作学习		小组讨论，设计具体方案 所用到的方法：查阅资料法、对比法、实验法。
	问题 1 查阅资料法	观察阅读和分析说明书，甘油做溶剂。 ［预设得出结论 1］：苯酚易溶于有机溶剂。
	问题 2 实验法、对比法	苯酚的酸性探究可以选择实验法。 ［做出假设］苯酚不能和碱性药物混用，说明苯酚可能具备酸性。 ［讨论与设计］检验酸性的方法，根据所提供的试剂设计出方法 1：采用石蕊指示剂来验证；方法 2：向加了酚酞的氢氧化钠溶液中滴加苯酚观察是否褪色。 ［分组实验探究］苯酚的酸性。

	实验过程	实验现象
小组 1	向苯酚稀溶液中滴加石蕊剂	颜色不变化。
小组 2	向加了酚酞的氢氧化钠溶液中滴加苯酚	红色褪去。

［预设得出结论 2］苯酚具有弱酸性，不能使指示剂变色。

［教师引导］从刚才的学习中我们知道苯酚具有弱酸性，但同有羟基，为何苯酚有酸性而乙醇无酸性？

［小组讨论］说明了苯环对羟基产生了影响，导致羟基更加活泼，从而可以电离出氢离子。

［教师引导］但反过来，羟基对苯环的活性有影响吗？

［展示反应］苯酚的溴代反应和苯的溴代反应。

［对比反应并预设得出结论 3］连有羟基的苯环更容易发生取代反应，羟基也会影响苯环的活性，苯酚中的苯环和羟基是相互影响的。

问题 3 查阅资料法、实验验证法	［预设得出结论 4］可以采用 $FeCl_3$ 溶液来检验苯酚，向苯酚中加入 $FeCl_3$ 溶液变紫。 ［分组验证实验］苯酚的检验，并进行小组汇报。

离子反应见表 3－4。

表3-4　离子反应

教师引导	创设问题情境	如何确认稀硫酸与Ba（OH）₂溶液发生了反应呢？
	知识点讲解	电解质与非电解质，电导率，电离，离子方程式。
	教师引导	宏观上可以观察产生白色沉淀确认稀硫酸与Ba（OH）₂溶液发生了反应。 问题1：宏观上还有没有其他方式确认反应发生？ 问题2：微观上有没有什么方式可以确定反应发生呢？
学生协作学习	小组讨论，设计具体实验方案 涉及方法：查阅资料法、实验法	
	问题1 实验法	［回顾］Ba（OH）₂溶液能使酚酞变红。 ［讨论与设计］Ba（OH）₂溶液中加入酚酞，随后滴加稀硫酸，观察溶液颜色变化，如果溶液红色逐渐褪去，则可以从宏观的另一个维度证明反应发生。 ［学生实验］向加入酚酞的Ba（OH）₂溶液中滴加稀硫酸。 ［观察现象］溶液红色逐渐褪去。 ［得出结论］酚酞可以证明该反应发生。
	问题2 查阅资料法、实验法	［查阅资料］电导率可以从微观角度反应物质变化 ［讨论与设计］反应的发生会有溶液电导率的变化，我们可以测定稀硫酸滴入Ba（OH）₂溶液过程中的电导率变化情况，从而确定反应是否发生。 ［演示实验］测定稀硫酸滴入Ba（OH）₂溶液过程中电导率变化。 ［观察现象］电导率先下降后升高。 ［得出结论］电导率下降说明稀硫酸与Ba（OH）₂溶液发生了反应。 ［教师追问］电导率图像是否到0？为什么？ ［小组讨论回答］没有到0，说明蒸馏水也可以导电。 ［教师继续追问］电导率图像为何又升高？ ［小组讨论回答］稀硫酸过量。

3.3.3　实施创新实验方案

不同的课程内容在实施的过程中可能有不同的侧重方向。如案例"苯酚的性质探究"侧重于问题的提出与解决，案例"离子反应"侧重于对比实验的探究。所以在制订实施计划时应综合考虑学情、教学内容等多方面的因素，便于课程的顺利开展，同时也能达到更好的教学效果。

示例1：苯酚的性质探究

本节课涉及的教学方法主要有：设置情境、问题引导、比较归纳、探究实验等。整个课程贯穿生活中的实际问题情境，并将学习任务进行分解，在问题的提出中引导学生寻找方法解决问题，并设计问题解决的方案，在问题的解决中学习化学知识，培养关键能力，发展核心素养。具体的教学环节实施为：

环节1：苯酚甘油抑菌液的成分认识——苯酚的溶解性

【重要问题】甘油的作用是什么？

【学生活动】通过认识苯酚甘油抑菌液中的成分，分析甘油的作用，从而得出苯酚重要的物理性质：溶解性。

环节 2：苯酚甘油抑菌液的使用注意事项——苯酚的化学性质以及基团之间的相互影响

【重要问题】苯酚甘油抑菌液为什么不能和碱性药物并用？

同有羟基，为何苯酚有酸性而乙醇无酸性？

如何检验久置的苯酚甘油抑菌液是否失效？

【学生活动】小组讨论，设计解决问题的方案。①通过实验设计验证苯酚的酸性，建立实验思维模型；②对比乙醇和苯酚的结构、苯酚的溴代反应与苯的溴代反应，学习苯酚的化学性质，训练观察能力与对比归纳能力，强化结构决定性质、有机物基团之间会相互影响的化学观念；③苯酚的检验试验，小组之间相互交流。

环节 3：生活中的酚类物质

延伸阅读：20 世纪 80 年代，世界卫生组织调查发现，尽管法国人偏爱奶酪等高脂肪食物，但冠心病发病率和死亡率低于其他西方国家，其原因可能与法国人常饮含芪三酚（白藜芦醇）的葡萄酒有关。

【学生活动】结合白藜芦醇的结构以及本节课所学知识，从化学的角度来解释以下两个问题：①葡萄皮可以防止真菌侵袭；②葡萄酒可以抗氧化，预防衰老。体会从化学的视角认识物质世界，用所学的知识解决陌生的问题，培养学生的化学学科核心素养。

示例 2：离子反应

【学习任务 1】设计实验证明 $Ba(OH)_2$ 溶液与稀 H_2SO_4 发生了反应。

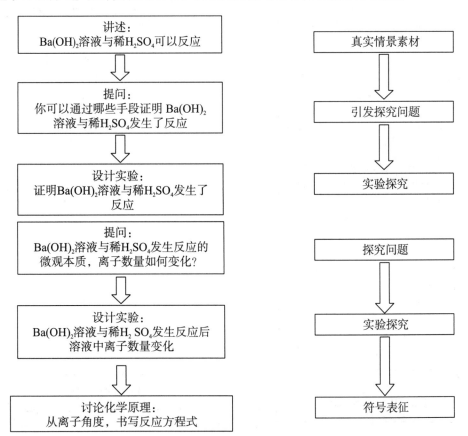

【学习任务2**】**揭示离子反应本质。

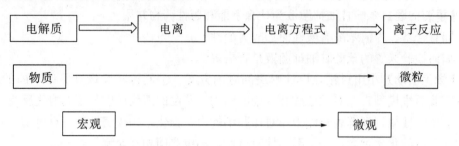

【学习任务3**】**建立离子反应认识模型。

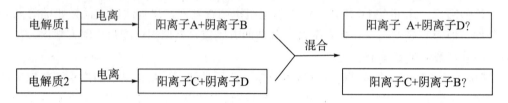

【学习任务4**】**从宏观与微观两个角度判断 Ba（OH）$_2$ 与 Na$_2$SO$_4$能否反应？

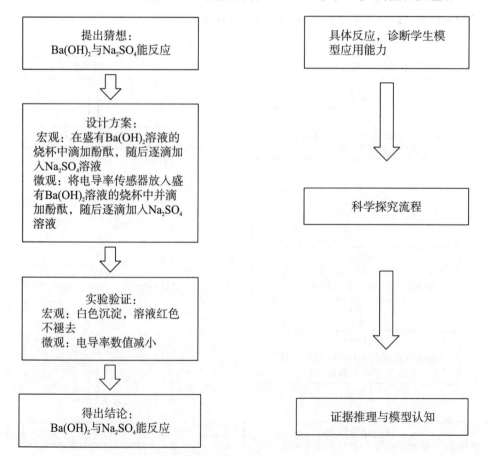

【学习任务 5】运用离子反应原理，设计并讨论硫酸厂废水处理方案

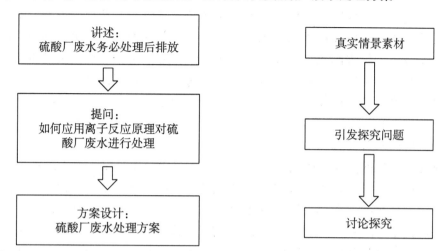

3.3.4　评价实验方案

　　创意不同于分数，没有一个固定的标准，因此，对于实验方案评价的意义在于扬长避短，帮助学生进一步完善方案，而非筛选高下。因此，这一环节，作为指导教师应该提出改进措施，而不是进行排名。在我国的化学课程改革中，也淡化了量化评价观念，主张评价方式多样化。《普通高中化学课程标准（2019 年版）》中提倡教师采取多种评价方式，包括学生自我评价、活动表现评价、纸笔测验、建立学习档案等。在评价过程中要求采用不同方式收集信息，及时反馈给学生，充分肯定学生的发展和进步，帮助学生更全面、更正确地认识自己在群体中的相对水平，明确发展方向和需克服的弱点。

　　曾经，创客教育项目的评估是一大盲区，但随着国内外研究者们对创客教育理念和实践的不断探索，教育工作者也开始重视并尝试解决这一问题，经过一段时间的努力已经取得了一定的成果。教室内创客教育项目评价方式主要分为以下三类：

　　（1）多元主体模式下的评价：自我评价、共同（合作）评价、同伴评价、表现评价和反思日记，通过五种新式评价方式进行整体评价。

　　（2）独立任务指标评价：教师在课前构建独立分类指标任务量表，学生在完成任务中进行学习，教师通过学生在完成任务时的表现，以及完成任务时的设计方案，对应量表中具体项目进行评价。

　　（3）多种评估方式结合应用于课堂：通过收集档案记录、学生工作样本、学生实验方案设计完成度、研究者笔记、教师记录和访谈以及学生书面反馈的资料来进行整体评价。

　　基于评价方式，可以看出，创客教育的评价应遵循以下原则：

　　（1）过程性原则。

　　过程性评价是对课程实施意义上的学习动机、过程和效果的三位一体的评价。以往的课程评价中过于注重总结性评价，传统方式下，学生学习完成后进行纸笔测验，

忽视学生学习动机和学习过程的评价，这样易导致学生趋于注重分数而忽视自己所习得的知识与技能，这样的评价对于学生而言是不完整的。基于创客教育理念的中学化学课堂，不同于以往课堂的知识直接讲授方式，其课堂形式更为新颖，将学生置于真实情境下，发现问题，设计实验方案，随后进行实验验证，最后进行总结反思，每一个环节中都应结合评价标准，对学生的参与度和完成度进行评价。这样的过程性评价有利于学生审视自身不足并总结反思，也有利于下一次创客项目的开展，实现能力的阶段性提升。

（2）发展性原则。

发展性原则是指教师通过评价和反思不断改进教学设计及教学过程实施，并最终促进学生、教师教学以及课程三方面共同发展的评价。在国内，创客课程的研发还在不断进行，不论是教师还是学生都需要不断进步，实施过程中教师不仅仅是课堂的引导者，更应该将在课堂中出现的问题进行反思，完善教学设计，使学生得到更好的学习体验。创客课程更注重对学生能力和科学素养的培养，注重学生的发展。因此在评价时需注意发展性原则，使师生都能获得不同的收获。

相关的评价量表详见表3-5、3-6、3-7。

表3-5　教师评价量表

项目名称：		评价人：		评价对象：	
一级指标	二级指标	评级等级			
		A（很好）	B（较好）	C（一般）	D（较差）
团队合作能力	合作意识				
	合作精神				
	合作技能				
信息表达能力	言语表达				
	文字表达				
	实践表达				
项目操作能力	项目设计				
	项目完成度				
	结果分析				
备注：					

表3-6　学生自评量表

项目名称：		评价人：		
评价内容	评价等级			
	A（很好）	B（较好）	C（一般）	D（较差）
知识的掌握情况				
课程中对出现问题的解决情况				

项目设计情况	
与小组同学的合作情况	
项目完成情况	
汇报时语言表达情况	
个人反思：	

表 3-7　学生互评量表

项目名称：		团队名称：		
评价标准	组员一	组员二	组员三	组员四
小组讨论时是积极的				
能及时完成小组分配任务				
项目进行过程中能解决出现的问题				
与小组成员合作融洽				
解决问题后愿与成员分享				
备注：				

实践部分

元素化合物篇

培养学生实验创新意识的教学实践探究
——硝酸

重庆市求精中学校　郑克宇

一、教材分析

1. 新课标要求

2017 版课程标准明确指出："结合真实情景中的应用实例或通过实验探究，了解氯、氮、硫及其重要化合物的主要性质，认识这些物质在生产中的应用和对生态环境的影响"。

2. 教材分析

本节课内容选自人教版（2019）必修二第五章第二节氮及其化合物，教材中介绍了硝酸的两个主要特性：不稳定性和强氧化性。教材中设计了对比实验分别探究浓、稀硝酸与铜的反应：向两支分别装有浓硝酸和稀硝酸的具支试管中嵌入铜丝，使其接触反应，并通过拉铜丝使其离开溶液而结束反应。本实验中由于具支试管中存在空气，即便铜与稀硝酸反应生成了一氧化氮气体，也会迅速变为红棕色，学生很容易误认为铜与稀硝酸反应也生成二氧化氮。因此，排尽装置中的空气能使实验更具说服力。若使用注射器等微型反应容器，能很好地防止氧气对实验造成干扰，还可以节约药品，使实验现象更加明显，并且防止气体逸出，保护环境。

二、学情分析

1. 已有基础

通过前面的学习，学生能轻松地写出硝酸的电离方程式，进而推测硝酸具有酸性；此外，学生也具有一定的实验动手能力，以及发现问题和解决问题的能力。

2. 潜在困难

学生从化合价入手很容易理解硝酸的强氧化性，但是对于浓硝酸和稀硝酸与弱还原剂生成产物的推断却存在问题，以及浓硝酸和铝、铁在常温条件下没有明显现象的原因产生疑问。学生思考问题不够全面，设计实验的能力仍需逐步提高。

本课主要通过情境、图片、实验设计、视频等形式，让学生从通性中发现特性，并设计实验来验证特性，了解相关实际应用，最后掌握硝酸的化学性质，达到本节课的学习目标。

三、教学目标

1. 知识与技能

掌握硝酸的通性（酸性）与特性（强氧化性和不稳定性）。

2. 过程与方法

通过铜与浓硝酸、稀硝酸反应的实验探究，体验"发现问题、作出猜想、实验验证、得出结论"的科学探究过程。学会评价和反思，逐步提升独立思考的能力，养成与他人合作的习惯。

3. 情感态度与价值观

在实验探究中培养质疑、求真的科学思维，同时培养主动参与、积极探究、勤于动手的习惯树立环保责任意识。

四、教学思路

教学环节	化学知识	化学核心素养	课程资源
环节一 验证通性、发现特性	硝酸具有酸的通性，发现硝酸合试纸褪色	科学探究	学生分组实验验证硝酸具有酸的通性
环节二 探究特性（强氧化性）	硝酸的强氧化性	科学探究、创新意识	演示实验（用注射器作微型反应装置）
环节三 拓展与应用	浓硝酸的钝化作用、王水的成分与作用	模型认知	课前录制的浓硝酸常温使铝丝钝化的实验

五、教学过程

教学环节	教师活动	学生活动	设计意图
环节一 验证硝酸具有酸的通性	【引入】请同学们写出硝酸的电离方程式。【叙述】硝酸能电离出氢离子，因此，硝酸应该具有酸的通性。引导学生用实验验证硝酸的酸性。	1. 书写硝酸的电离方程式。2. 各小组根据提供的实验仪器和药品，验证硝酸的酸性。【附】主要仪器和药品：分别装有相同体积的稀盐酸、稀硝酸和浓硝酸的三支试管，并用橡胶塞塞紧；pH试纸。	通过动手实验激发学生的学习兴趣，培养学生动手能力。
环节二 通性中发现特性	【提问】一会儿之后，同学们再观察三种溶液中的pH试纸，有没有新的发现？	通过对比观察，发现浓硝酸中的pH试纸红色明显变浅，另外两种溶液中的pH试纸暂无明显变化。	培养学生观察并发现问题的科学意识。

教学环节	教师活动	学生活动	设计意图
环节三 对发现的问题做出猜想	【引导】浓硝酸中的 pH 试纸为什么红色会变浅？并猜想其中浓硝酸体现了什么性质？	小组交流，猜想可能是浓硝酸具有强氧化性，从而将红色的 pH 试纸漂白。	促进学生之间的合作交流，培养学生善于猜想的科学态度。
环节四 设计实验验证浓硝酸的强氧化性	【提问】验证浓硝酸的强氧化性可以使用哪些还原剂？如果使用金属，选择金属活动顺序表中氢前金属还是氢后金属更合理？	【小组交流汇报】验证浓硝酸的强氧化性可使用的还原剂有：①不活泼金属单质；②碳、硫等非金属单质。 【回答】用氢后金属（如铜）来验证浓硝酸的强氧化性更合理。	培养学生科学探究意识，提升实验设计能力。
环节五 探究浓硝酸能否氧化铜	【提供仪器和药品】 注射器　橡皮塞 铜片　浓硝酸	【实验探究】 充分利用老师提供的实验仪器，设计并组装装置，进行实验。 【观察并分析现象】 ①铜片表面产生红棕色气泡，产生的气体推动注射器活塞向外移动→生成了 NO_2。 ②铜片逐渐溶解，溶液变成了蓝色（略显绿色）→产生了 Cu^{2+}。 【结论】 浓硝酸能将铜氧化。	培养学生动手能力和实验综合设计分析能力。
	【提问 1】 ①硝酸除了作氧化剂以外，有没有体现出其他的性质？ ②为什么反应后的溶液略显绿色？ 附：资料卡片： 资料 NO_2溶于浓硝酸使溶液呈黄色 蓝 绿 黄 【提问 2】 久置的浓硝酸为什么易呈黄色？ 附资料卡片：光照或加热时，浓硝酸容易分解。	书写浓硝酸将铜氧化的化学方程式和离子方程式。 【交流回答 1】 ①硝酸既体现出强氧化性，又体现出酸性。 ②由于 NO_2溶于浓硝酸使溶液呈黄色，而 Cu^{2+} 使溶液呈蓝色，两种颜色的混合色为绿色，所以反应后的溶液略显绿色。 【交流回答 2】 ①久置的浓硝酸受光照和加热影响，分解出了 NO_2，NO_2 溶于浓硝酸使溶液呈黄色。 ②书写硝酸分解的方程式。	培养学生对实验的综合分析能力；同时也是建模的过程，为后面学习铜与稀硝酸反应提供模型。

教学环节	教师活动	学生活动	设计意图
环节六 探究浓硝酸能否氧化氢前所有金属	【过渡】氢后金属 Cu 能被浓硝酸氧化，那么氢前金属应该也能被氧化。 【课前录制视频】播放课前录制的铝在浓硝酸中发生钝化的实验视频（附实验视频）。 附：资料卡片： 钝化 金属的表面被浓硝酸氧化为致密的氧化物薄膜，这层薄膜阻止了酸与内层金属的进一步反应	【疑惑】为什么将铝丝浸入浓硝酸中没有明显变化？ 【猜想】可能是浓硝酸将铝氧化形成一层致密的氧化膜，阻止反应继续发生。 【应用】联想生产实际：工业上常用铝罐来盛装浓硝酸，不但轻便，价格也相对实惠，还便于回收利用。	培养学生善于思考，敢于猜想的科学精神；提升学生将化学知识应用于生产生活的意识和废物回收利用的社会责任。
环节七 再作观察，再有发现	【提问】现在，同学们再观察三种溶液中的 pH 试纸，还有没有其他发现。 【引导】请同学们用同样的装置探究稀硝酸能否将铜氧化。	【回答】通过对比观察，发现稀硝酸中的 pH 试纸红色也明显变浅，稀盐酸中的 pH 试纸无明显变化。	培养学生的观察以及发现问题的科学意识。
环节八 探究稀硝酸能否将铜氧化	【提供仪器和药品】 注射器　橡皮塞 铜片　稀硝酸 【提问 1】铜片表面缓慢产生气泡，说明浓硝酸和稀硝酸谁的氧化性更强？ 【提问 2】有什么方法可以加快稀硝酸与铜的反应速率？ 【提问 3】一段时间后，注射器中产生的无色气体是什么？ 【提问 4】在铜与稀硝酸反应的离子方程式中，氢离子与硝酸根离子物质的量之比为 4∶1，可硝酸电离出的氢离子与硝酸根离子物质的量之比为 1∶1，看来用硝酸作氧化剂时，可以适当向溶液中加入哪种离子？	【实验探究】 利用相同的实验仪器，探究稀硝酸能否将铜氧化。 【观察并分析现象】 ①溶液颜色变蓝→产生大量铜离子。 ②产生无色气体，抽动活塞吸入空气后气体变红棕色→生成的气体是 NO。 【结论】 【回答 1】通过相同条件下产生气泡的快慢可知浓硝酸的氧化性强于稀硝酸。 【回答 2】加快稀硝酸与铜反应速率的方法有加热或将铜片换成铜粉等等。 【回答 3】产生的气体可能是 NO。 【观察并分析现象】 稀硝酸与铜反应产生无色气体，向外推动注射器活塞。同时溶液从无色变为蓝色，证明产生大量铜离子。 【猜想】无色气体可能是 NO。 【设计方案验证猜想】 向外拉动注射器的活塞，将空气吸入注射器中，发现气体变为红棕色，证明该气体为 NO。 【回答 4】可向硝酸溶液中增加适量的 H^+。	培养学生应用模型的能力，利用铜跟浓硝酸反应化合价变化的模型，书写铜与稀硝酸反应的方程式；巩固学生对于氧化还原反应的综合分析能力。

续表

教学环节	教师活动	学生活动	设计意图
【延伸】 科学故事—— 玻尔巧藏金质 奖章	【趣说故事】讲述波尔巧藏金质奖章的故事，介绍王水的成分，强化硝酸具有强氧化性。同时赞扬科学家们对祖国无限的热爱和无穷的智慧！	了解王水的主要成分，感受硝酸的强氧化性。	让学生体会科学的趣味性，感受科学家的无穷智慧和爱国之情。
【知识总结】 总结硝酸的主 要化学性质	【提问1】通过本节课的学习，HNO_3中哪种元素给你留下了最深的印象？ 【提问2】N元素体现出的哪种化学性质给你留下了最深的印象？	【回答1】N元素。 【回答2】N元素体现出的强氧化性给人印象最深。	归纳课堂，点缀核心知识。

板书设计

硝酸的化学性质

强氧化性 —— 浓 —— +4 NO_2 ；稀 —— +2 NO（浓度越小，还原产物中N元素化合价越低）

（特性）

$\overset{+5}{HNO_3}$

不稳定性：$4HNO_3（浓）\xrightarrow{光照/\triangle} 4NO_2\uparrow+O_2\uparrow+2H_2O$

酸性 （共性）

六、教学反思

1. 目标完成情况

首先，通过以上教学环节的开展，我对本堂课的知识主线梳理较清晰，学生基本能全面地进行吸收和掌握知识。然后，本堂课充分体现了化学实验探究的一般流程，即发现问题→作出猜想→设计实验进行验证→得出结论→归纳总结，有效地培养了学生的科学探究能力和协作意识。同时，在实验探究过程中充分体现了装置的微型化、操作简便化、环境保护等诸多创新性和改进处，有效地培养了学生的创新意识和实验改进能力，以及环境保护的责任意识。

2. 不足和思考

（1）铜与浓硝酸反应溶液为何呈绿色的原因较复杂，最新文献的说法不一，仅用中学知识解释还不够准确。

（2）硝酸与铜反应的还原产物是多种气体的混合物，因此，浓硝酸、稀硝酸与铜反应产生的NO_2或NO并不纯净，只是其中的主要气体。

七、备课参考

情境素材：玻尔巧藏金质奖章。

图片素材：注射器、橡皮塞、铜片、浓硝酸、三色维恩图。

视频素材：铝在浓硝酸中发生钝化的实验视频、铜和浓硝酸与稀硝酸反应对比实验视频。

素材分析：选取"铝在浓硝酸中发生钝化"这一实验视频，是因为它是我国工业生产的典型应用，能很好地体现化学研究的重要价值。

再探铜与浓硝酸反应中的隐秘物质

重庆市求精中学校　周　宾

一、教材分析

1. 新课标要求

能从物质类别、元素价态角度，依据复分解反应和氧化还原反应原理，预测物质的化学性质和变化，设计实验进行初步验证，并能分析、解释有关实验现象。能根据物质的性质分析实验室、生产、生活及环境中的某些常见问题，说明妥善保存、合理使用化学品的常见方法。

2. 教材分析

课标要求学生掌握浓、稀硝酸的性质及物质性质的基础实验；铜与浓硝酸的反应承接氮的氧化物，是氮的最高价含氧酸与金属反应的代表；学生掌握铜与浓硝酸的反应过程，有助于建立金属与氧化性酸反应的一般模型，为元素化合物知识的学习打下坚实的基础。

二、学情分析

1. 已有基础

学生通过化学实验基本方法、氧化还原、离子反应、金属及其化合物的学习，已经初步具备了实验探究的能力，在实验探究过程中也具备一定的思辨能力和实验设计能力，高中学生同时也具备文献资源查阅能力，有助于此类探究性实验的开展。

2. 潜在困难

学生对浓硝酸和稀硝酸对应还原产物的不同会产生一定的理解困难，因此教师在教学过程中采用比较方法，让学生通过学生自主实验观察实验现象的差异，认识到铜与浓硝酸反应产物的特殊性。

三、教学目标

（1）学生通过铜与浓硝酸实验、饱和硝酸铜溶液、亚硝酸根离子的检验、亚硝酸钠与铜离子的反应、加热绿色溶液、用苯萃取绿色溶液中的二氧化氮等一系列宏观实验现象的观察，结合已有元素化合物知识和离子反应知识分析溶液变绿的原因及其微观解释。

（2）观察一系列化学实验中的颜色改变、气体产生、沉淀产生等实验现象，让学生体会化学物质变化背后的化学原理和反应条件，并且能够从离子反应、氧化还原反应、元素化合物知识等多角度、动态地分析化学变化，运用这些原理来找到溶液变绿的原因。

（3）溶液为什么变绿？学生首先从资料查阅找到变绿的可能原因，随后通过查阅的资料设计实验方案，然后通过实验证据逐一推理、分析，排除不可能的因素，最后建立了提出问题、分析问题、查阅资料、设计实验方案、实验证据推理、得出结论的元素化合物实验探究模型。

（4）科学探究是进行科学解释和发现、创造和应用的科学实践活动，本节课是一节以元素化合物为主题的实验探究课，学生围绕"铜与浓硝酸反应后变绿"这一问题进行资料查阅、实验方案设计和实验验证的探究，充分培养学生勤于实践，善于合作，敢于质疑，勇于创新的科学探究精神和创新意识。

四、教学思路

（1）建立从宏观实验现象透视微观本质的思想。

（2）让学生体验科学探究与证据推理的过程，培养学生的质疑精神、探索精神和实验设计能力。

（3）给学生建立非金属含氧酸的一般学习模型。

（4）采用生物中亚硝酸盐的检测方法体现跨学科融合与 STEAM 的教学理念。

五、教学过程

教学环节	教学活动	设计意图
环节一 学生实验，发现问题	学生通过改进实验装置动手完成铜与浓硝酸的实验。学生在实验中观察到铜与浓硝酸剧烈反应，产生大量红棕色气体，溶液变为绿色。	以实验为驱动力，引导学生从实验中发现问题，用实验证据来解决问题。培养学生的实验观察能力和实验动手能力。
环节二 查阅文献，提出猜想	让学生课后查阅相关文献资料，初步提出实验猜想。	培养学生资料查阅能力和思辨能力。
环节三 小组讨论，设计实验方案	通过学生查阅的资料，小组合作讨论完成"对铜与浓硝酸溶液为什么是绿色"的实验设计，教师整合优化实验方案。	培养学生的合作意识，探究意识以及实验设计能力。
环节四 小组合作，实验探究	6 位学生为一个小组，针对老师整合后的实验方案进行实验探究和实验论证。	锻炼学生的团结协作能力，实验动手能力和实验探究能力。
环节五 实验验证，得出结论	学生初步实验后，教师进一步整合出一组可行的实验方案，在课后录制成为实验视频，在课堂重新演示。	让学生体会科学探究的不易和实验探究的困难，教师重新验证得出实验结论，让学生在教师引导下体会实验探究的乐趣和成就感。
环节六 实验反思，建立模型	得出实验结论后，带领学生总结本次探究的环节和实验的成功之处，反思需要改进的地方，最后总结出元素化合物实验问题的探究模型。	让学生学会反思总结，并建立实验探究类问题解决的一般模型。
板书设计	铜与浓硝酸反应溶液变绿的原因？ 1. 溶液变绿的三种猜想 铜离子浓度过高引起。 二氧化氮红棕色与硝酸铜溶液蓝色混合后的复合颜色。 亚硝酸根与铜离子形成的有色物质。 2. 实验证据 饱和硝酸铜溶液为蓝色。 绿色溶液中检测出亚硝酸根，铜离子遇亚硝酸根变绿。 加热绿色溶液后恢复蓝色。 用苯萃取绿色溶液中的二氧化氮溶液变蓝。 3. 实验结论：溶液变绿极有可能是二氧化氮引起	

六、教学反思

(1) 培养了学生的"质疑精神""探索精神""实验设计能力"。

(2) 探究理念。

①使用硝酸铜和硫酸铜进行对比实验，体现控制变量法。

②采用高中生物的亚硝酸盐检测方法，体现跨学科融合。

③探究过程充分体现了环保意识，培养了科学态度与社会责任。

(3) 探究效果。

仪器试剂常规、操作简便、现象明显、引人入胜。

七、备课参考

情境素材：探究铜与浓硝酸反应中的绿色物质。

图片素材：二氧化氮气体颜色、硝酸铜溶液颜色。

视频素材：苯萃取铜与浓硝酸反应后的绿色溶液。

素材分析：观察铜与浓硝酸反应后溶液颜色，推测溶液显绿色的可能原因，最终通过苯萃取该绿色溶液，证实该溶液显绿色的可能原因。

核心素养导向下的元素化合物教学
——金属与水的反应

重庆市求精中学校 李 辉

一、教学目标

1. 新课标要求

要求掌握钠与水反应的实验现象、反应方程式的书写，铁与高温水蒸气反应的实验现象和反应方程式的书写，进而理解金属活动顺序表的应用。教学上以钠、铁和水反应为例进行教学，然后根据金属活动顺序表对金属与水反应的一般规律进行总结。

2. 教材分析

《金属与水的反应》是化学必修 1 第三章第一节中的内容，第三章是在学习了物质的量、氧化还原反应和离子反应等概念之后，开始具体地学习元素化合物的知识。金属单质的性质是金属元素性质的反映，是了解金属化合物性质的基础，所以在引导学生学习元素化合物上有举足轻重的地位。

二、学情分析

1. 已有基础

在知识方面上，学生已在初中学过金属活动顺序表，能熟练地背诵金属活动顺序表，对金属与酸的反应比较熟悉。学生经过前两章的学习，具备一定的化学理论基础和化学实验操作技能。

2. 潜在困难

设计实验装置对高一学生来说是比较困难的，并且对于金属与水的反应的知识来说，相对陌生，学生观察能力不足，对实验现象的观察还不够全面，语言表达能力不足，化学用语不规范，也相对匮乏。

三、教学目标

1. 知识技能目标

（1）了解 Mg、Na、Al、Fe 四种金属与水的反应，观察实验现象并能解释产生这些现象的原因。

（2）了解金属与水反应的一般规律。

（3）掌握有关实验的基础知识和基本技能，学习实验研究的方法，能设计并完成一些简单的化学实验。

2. 过程与方法

（1）通过观察四种金属与水反应的实验，能够熟练地运用规范的化学用语，准确描述实验现象并分析产生现象的原因，通过观察、描述、记录实验现象，能够提高获取信息和初步加工信息的能力。

（2）运用比较和归纳的方法，发现金属与水反应的一般规律，逐步掌握学习元素化合物知识的一般方法。

3．情感态度与价值观

（1）通过背景材料，体现化学与日常生活和生产实际的密切联系，提高学生学习化学的兴趣，增强学好化学、服务社会的责任感和使命感。

（2）通过实验和讨论，体验团队合作精神，通过对四种金属与水反应的实验现象进行的推测，提出问题，培养敢于质疑、勇于创新的精神。

四、设计思路

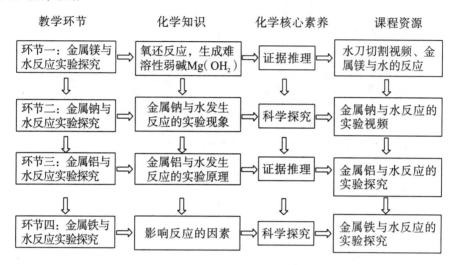

五、教学过程

教学环节	教师活动	学生活动	设计意图
环节一 创设情境 引入课题	【问题引入】同学们，什么打造的刀是世界上最强的刀？	讨论，议论。	激发学生好奇心，求知欲。
	【播放视频】播放水刀切割的一段视频。	聆听、观看与思考。	设置情境引入问题，激发学生的探究热情，给予学生更直观的认识。
	【提问】大家想不想知道水刀切割其中的奥秘呢？	回答。	激发求知欲。
环节二 金属活动性 顺序表 知识回顾	【过渡】今天我们就来探究水与金属之间的反应。但是在探究之前我要问大家一个问题。你们能不能背得出来初中化学学习的金属活动顺序？	思考，分析，回答。	回顾以前所学知识。
	【问题引导】哪些反应能够体现金属的活动性？比如 Fe 可以置换出酸中的氢，盐中的金属。	自由讨论，思考回答。	回顾以前所学知识。
	【总结设问】金属与酸或水的反应能够体现金属活动性。这些置换反应属于我们最近所学的哪一类反应？其中金属所起到的作用是？	小组交流、归纳，由学生代表回答。	回顾以前所学知识。

教学环节	教师活动	学生活动	设计意图
环节三金属镁与水的反应实验探究	【提问】接下来大家回忆金属镁与稀盐酸的反应，有什么现象？ 该反应的离子本质是什么？ 大家思考一个问题，如果盐酸越来越稀呢？ 也就是 $c(H^+)$ 越来越小。反应会怎么变？ 如果稀到极限，只剩余水呢？反应又会怎么变？ 【分组探究】取一片镁条（用砂纸去掉氧化膜），放入一支盛有少量冷水的试管中，观察现象；用酒精灯加热至沸腾，观察现象。 向试管中滴入几滴无色酚酞，继续观察。 各位同学请注意，这组同学已经有了实验结果，我们请他们做一个汇报。 【提问】同学们猜测一下，反应的产物是什么呢？ 【总结】溶液变红色，说明生产碱性物质。由元素守恒可知，生成 $Mg(OH)_2$，$Mg(OH)_2$ 是一种难溶性弱碱。已知，镁与水的反应是氧化还原反应，请同学们从氧化还原的角度去分析产生的气体是 H_2，还是 O_2。 化学反应方程式如下：$Mg+2H_2O\!=\!=\!=\!Mg(OH)_2\downarrow+H_2\uparrow$。在这个氧化还原反应中，Mg 是还原剂，$H_2O$ 是氧化剂。	分组实验：观察实验并先小结现象。思考并小结通过现象得到的结论。	揭示反应的本质，培养学生逻辑思维能力。
环节四金属钠与水反应的实验探究	【提问】在金属活动顺序表中，镁位于钠之后，大家推测钠与水能否发生反应？ 【多媒体展示】我们来看一段老师做实验的视频。 【提问】钠与水的反应与镁有什么区别呢？ 对比钠、镁与水反应的现象，同学们思考为什么钠与水的反应比镁快？ 大家试着写出钠与水反应的离子方程式。 同学们是否同意他的写法？ 我刚才在下面发现，有一部分同学把水拆成氢离子和氧离子，这是不对的。 【提问】我们将钠保存在煤油或液状石蜡中，除了隔绝空气的氧气之外，还有什么作用？ 金属钠着火应该如何灭火？	观看视频，总结实验现象，小组讨论，总结现象。得出造成现象的原因。	观察现象，猜测原因，培养学生的观察能力，激发问题的探索。

教学环节	教师活动	学生活动	设计意图
环节五金属铝与水反应的实验探究	【提问】再回到金属活动性顺序表中，镁的后面是谁呢？ 大胆猜测：那么将铝与水反应又会怎样呢？ 【实验】接下来，我们再来做个实验。取一根铝丝（已用砂纸去掉氧化膜），放入一支盛有冷水的试管中，观察现象。 【提问】那么你觉得有什么原因呢？ 你觉得怎样才能实现铝与水的反应？可以有哪些方法？ 不过破坏氧化膜并不容易。老师这里有一个特别的试剂，$Hg(NO_3)_2$ 溶液，请同学们将手中的铝丝放在 $Hg(NO_3)_2$ 中浸泡，然后在放入水中。通过观察，同学们发现什么现象？ 理论分析：其实，将铝丝浸泡在 $Hg(NO_3)_2$ 溶液中会发生如下反应：$2Al+3Hg(NO_3)_2==2Al(NO_3)_3+3Hg$。金属铝会溶解在液态 Hg 中形成合金，称为"铝汞齐"。"铝汞齐"会破坏氧化铝薄膜，使得内部的铝暴露出来。 （1）钠、镁、铝都能与水反应，但快慢不同。 （2）这不仅与金属活动性有关，还与金属表面结构有关。 （3）改变某些因素（比如温度，表面积）可以影响反应的过程。 由于 Hg 是一种重金属，所以我们要将铝丝收回进行集中处理。	分组实验：观察实验并先小结现象。思考并小结通过现象得到的结论。	培养学生的探索精神，培养分析问题，解决问题的能力，综合运用所学的知识。
环节六金属铁与水反应的实验探究	【提问】大胆猜测：那么我们再来大胆预测铁会怎么样？ 铁不与水反应；真的吗？比如铁在空气中会发生什么变化？ 铁到底能不能与水反应？生活中，铁桶盛水，铁锅煮饭，能不能观察到铁与水反应产生氢气？ 【讲解】前面的实验，我们通过提高温度，改变表面影响化学反应进程。现在老师设计一套简单的实验装置。（这套装置包括水蒸气发生、水蒸气与铁粉反应、检查产生气体等部分）。请一位同学协助我完成实验。 看来在比较极端的条件下，水同样可以与铁发生反应？那么同学们预测反应的产物是什么？ $Fe(OH)_3$ 在高温加热的情况下不稳定，会分解生成 Fe_2O_3。 大家都说错了，其实是 Fe_3O_4，通过改变影响反应的因素（温度、接触面积等），能够使反应朝着我们需要的方向进行。	观察实验现象，总结归纳，解释背后的原因。	由金属镁、钠、铝与水的反应，预测铁与水反应的产物。指导学生运用对比的学习方法，激发学生的求知欲。

教学环节	教师活动	学生活动	设计意图
小结新课	【回顾】这节课我们分别学习 Mg、Na、Al、Fe 四种金属与水的反应，我想请同学们来谈一谈你的收获。 【总结】金属活动顺序表中，靠前的金属能够与水反应，但反应快慢却不相同。通过改变条件可以达到通常难以想象的效果。比如水的压强增大到 4200 个大气压制成水刀，水能够与各种金属反应，从而实现切割效果。	小组讨论，谈学完本节课的收获。	培养学生的自主学习能力。
拓展延伸	学习化学，我们要学会通过认知规律来指导生产实践，通过改变条件影响化学反应的进程。		通过观察实验、分组讨论等多渠道的科学探究，发展学习化学的兴趣，使学生乐于探究物质变化的奥秘，并与这节课中生成的问题前后呼应。

六、教学反思

本节教学内容学生学习的积极性很高，课堂中的"科学探究"，同学们都踊跃参与，在活动中体验到了成功和化学学习的乐趣，教学效果也比较好，体现了新课程的教学理念。

学生的科学探究能力还在形成过程中，从课堂巡视检查的情况来看，有不少同学的实验设计不完善，语言表述欠规范，在今后的教学中还要多设计这样的环节，让学生多锻炼，以逐步提高他们的科学探究能力。

七、备课参考

视频素材：水刀切割、金属钠与水反应的实验视频。

实验素材：Mg、Na、Al、Fe 四种金属与水的反应。

素材分析：由金属镁、钠、铝与水的反应，预测铁与水反应的产物。指导学生运用对比的学习方法，激发学生的求知欲。通过科学探究、分组讨论等多渠道的科学探究，发展学习化学的兴趣，使学生乐于探究物质变化的奥秘，并与这节课中生成的问题前后呼应。

生活情境中的化学实验探究教学
——二氧化硫

重庆市求精中学校　甘雨欣

一、内容解读

1. 新课标要求

2017 年普通高中化学课程标准中提出化学课程目标，要求能发现有探究价值的化学问题，依据探究目的设计并优化实验方案，完成操作并对观察记录的实验信息进行加工从而获得结论。在元素及其化合物知识上，对硫及其化合物的内容要求掌握其化学性质和常见用途，并根据性质通过实验探究生产、生活及环境中的某些相关问题。二氧化硫作为硫元素重要的氧化物，有必要在复习课中进一步熟悉其化学性质并联系生活实例进行实验探究。

2. 教材分析

在了解高中化学教材中化学反应原理和实验探究设计方法的基础上，这节课的重点内容主要有三个方面：一是以二氧化硫在葡萄酒中的作用为例，强化性质决定用途的观念；二是从二氧化硫的性质出发，设计并优化从定性验证到定量测定的实验方案，进一步体会化学实验研究的过程；三是学会辩证地看待物质，感受化学学科的社会价值。三个方面结合的教学让学生对高中化学的理论知识和实验方法有新的感受，为后面其他元素的学习探究打下基础。

二、学情分析

1. 已有基础

本节内容是以葡萄酒中的二氧化硫为载体学习定性与定量实验探究思路的复习课。学生已经对高中化学整体内容有了初步认识，知道二氧化硫的化学性质和用途，熟悉氧化还原反应及其规律等基本理论，了解 pH 传感器使用方法、酸碱滴定法、碘量法等常见的实验手段和方法，能依据性质提出问题并设计实验方案解决问题，具备一定的实验探究能力和思维方法。

2. 潜在困难

在之前的学习中，学生已初步形成性质决定用途的认知方式以及由定性到定量进行实验研究的化学科研思路，但很少真正地运用这种思路解决生活中的真实问题。本节课需要学生根据实验过程中的现象进行推理并不断优化实验方案，要求学生具有较好的化学基础。

三、教学目标

1. 能根据二氧化硫的化学性质合理选择试剂，通过实验证据推理设计实验方案定性证明二氧化硫的存在，培养证据推理与模型认知的学科核心素养。

2. 能根据氧化还原规律优化实验方案，定量测定葡萄酒中二氧化硫的含量，学习了解不同情境中化学科研的定量检测方法。

3. 结合二氧化硫在生活中的应用实例，形成性质决定用途的学科思想。辩证认识物质及其反应，培养科学探究与创新意识，科学精神与社会责任的学科核心素养。

四、教学思路

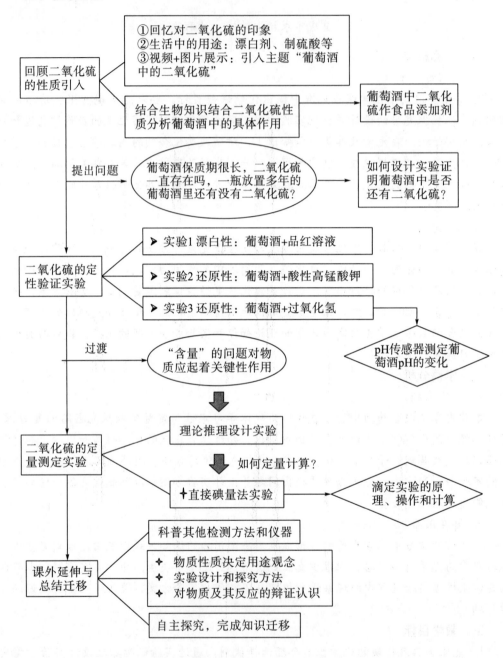

五、教学过程

教学环节	教师活动	学生活动	设计意图
复习二氧化硫的性质	【复习回顾】我们在高一学过二氧化硫，大家对它还有哪些印象呢？它有哪些用途呢？ 【教师讲述】二氧化硫在生活中确实有很多用途，但大家知道它可以用作葡萄酒的食品添加剂吗？ 【播放视频】展示视频和图片证明葡萄酒生产中会加入二氧化硫，进而引出主题"探析葡萄酒中的二氧化硫"。 	【学生活动】思考回答自己对二氧化硫的印象以及在生活中的用途。 【学生活动】观看视频和图片，感到惊讶和疑惑。	激发学生思考回忆已学知识，感受化学物质在生活中的应用。 通过多媒体展示激起学生的好奇心，对主题探究产生学习兴趣。
	【跨学科知识】结合学生在生物上学过的知识分析果酒的制作原理。 【教师提问】二氧化硫有哪些化学性质？ 【追问】这些性质在葡萄酒里能发挥出哪些作用？ 【教师讲述】二氧化硫具有酸性氧化物通性，可以调节 pH 提供酸性环境；有还原性，可以消耗氧气，维持无氧状态；除此之外还可以抑制细菌增长，同时起到三方面的作用，所以它是葡萄酒的"守护神"。 【提问过渡】二氧化硫会一直存在吗？放置很久的葡萄酒里还有没有二氧化硫？ 我们今天就来检验这瓶葡萄酒里还有没有二氧化硫。	【学生回答】二氧化硫的化学性质：漂白性、酸性氧化物通性、氧化性、还原性。 【学生活动】根据列出的性质思考分析对应能起到的作用。 【学生思考】可能有，可能没有。	检测学生对已学过知识的熟悉程度，引导学生从性质分析作用，强化物质性质决定用途的观念。跨学科融合让学生对知识有更全面的理解。 激发学生思考，引出定性检验葡萄酒中二氧化硫的必要性。

教学环节	教师活动	学生活动	设计意图
二氧化硫的定性验证实验	【教师设问】请同学们根据二氧化硫的性质思考如何设计实验检验其存在，能不能提出一些方案？ 【演示实验1】 葡萄酒＋品红溶液——溶液不褪色 葡萄酒＋酸性高锰酸钾——溶液褪色 资料卡 1. 我国规定葡萄酒里二氧化硫总含量不超过 250 mg/L 2. 葡萄酒中的乙醇、氨基酸、酯类等物质可被酸性高锰酸钾氧化，却很难被低浓度的过氧化氢溶液氧化① 【资料展示】 【教师提问】我们还有其他方法来检验二氧化硫吗？ 【引导分析】品红和酸性高锰酸钾溶液可直接观察到现象，而过氧化氢与二氧化硫反应的产物是硫酸，看不到现象，因此要用更加精密的传感器来测定变化。 【演示实验2】 pH 传感器测定 6% H_2O_2 溶液滴入葡萄酒过程中溶液的酸度变化 反应方程式： $SO_2 + H_2O_2 = H_2SO_4$ 	【学生活动】利用二氧化硫的漂白性使品红溶液褪色或强还原性使酸性高锰酸钾溶液褪色来检验。 【学生活动】观察实验现象结合资料讨论葡萄酒里有无二氧化硫。 【学生汇报】根据资料里葡萄酒的含量和成分可知，两个实验都无法证明。 【学生活动】根据资料可知，低浓度过氧化氢可排除其他还原性物质干扰。 【学生活动】观察实验过程中电脑呈现的葡萄酒中pH变化，并分析曲线变化的原因，得出结论：这瓶葡萄酒中确实有二氧化硫。	引导学生从物质性质设计检验实验，形成用实验验证性质的化学思维。 引导学生根据实验结果分析推理现象产生的原因，培养证据推理的化学学科核心素养，提高学生逻辑思维能力和提取信息并整合分析的能力。 引导学生设计定性检验物质的实验方案，通过对实验试剂和实验仪器的优化，学习实验探究思路，体会理论知识和实验方法相结合的化学学科特色。

---

① 袁林，赵红玉，刘龙祥，等. 苹果酸－乳酸发酵对葡萄酒中活性成分的影响［J］. 食品工业科技 2020，41（7）：358－364.

教学环节	教师活动	学生活动	设计意图
	【反思提问】为什么品红溶液没有褪色？ <table><tr><td>葡萄酒产地</td><td>二氧化硫规定最大使用量</td></tr><tr><td>欧盟地区</td><td>160 mg/L</td></tr><tr><td>中国</td><td>250 mg/L</td></tr><tr><td>美国</td><td>350 mg/L</td></tr></table> 【展示图片】 【教师讲述】葡萄酒里二氧化硫的含量很少，若过量不仅会影响酒的品质，还会对人体造成伤害，所以要严格控制二氧化硫的含量。 【提问过渡】我们要想检测二氧化硫的含量是否达标，应该如何测定葡萄酒中二氧化硫的含量呢？	【学生回答】可能葡萄酒里二氧化硫的含量太少了。 【学生活动】认识二氧化硫作为食品添加剂时，控制含量的重要性。 【学生讨论】交流讨论，制定出能测定二氧化硫的实验方案。	引导学生在实验完成后对实验现象进行反思。 引导学生理解物质含量对其性质体现和具体应用的影响，辩证认识物质及其反应，形成辩证看待事物的观念。 培养与人沟通的能力和合作探究的意识。
二氧化硫的定量测定实验	【教师引导】高中熟悉的定量测定方法一般有哪些？ 【教师提问】有哪些反应可以用于葡萄酒中二氧化硫的定量测定？小组交流讨论提出方案并评价方案。 【教师引导】回忆之前资料展示的葡萄酒成分图，酸性高锰酸钾和氢氧化钠都会被其他物质所消耗，而过氧化氢易分解，溶液的浓度不好确定，一般不用于定量的滴定。大家还能想到另一种既能减小其他物质的干扰，又能氧化二氧化硫的氧化剂吗？用什么方法判断滴定终点？ 【教师点评】经过讨论，最终确定用碘量法测定二氧化硫的含量，可以看到在设计定量实验方案的时候要注意三点：实验原理是否可行，实验操作是否可行，滴定终点能否判断，综合三个方面优化实验，选择合适的滴定剂和实验方法。 【演示实验3】碘量法测定葡萄酒中二氧化硫的含量实验，引导学生复习实验原理、计算公式和实验步骤后进行实验操作并记录和处理数据，得出结论。 离子方程式： $SO_2+I_2+2H_2O=SO_4^{2-}+2I^-+4H^+$	【学生思考】之前接触过的定量测定的方法有滴定法，比如酸碱中和滴定、氧化还原滴定。 【交流讨论】根据二氧化硫的性质设计定量实验方案，用氢氧化钠进行酸碱滴定、酸性高锰酸钾或者过氧化氢进行氧化还原滴定。 【交流讨论】高中阶段常见的稍弱一点的氧化剂有溴水和碘水，而碘水能用淀粉溶液作指示剂判断滴定终点。 【学生活动】写出碘单质和二氧化硫的反应方程式，根据用量比推导计算二氧化硫含量的公式。根据公式所需数据设计实验并写出实验步骤。	锻炼根据已有经验和已学知识解决实际问题的能力。 引导学生从已有的实验经验和熟悉的物质性质出发设计并定量测定物质含量的实验方案，通过对滴定剂和实验方法的优化，形成实验研究的思路，培养科学探究与创新意识的化学学科核心素养。

教学环节	教师活动	学生活动	设计意图
二氧化硫的定量测定实验	二氧化硫含量表达式： $$U = \frac{c \times (v_2 - v_1) \times 64}{25} \times 1000 \ (\text{mg/L})$$ 【教师总结】请同学们根据实验数据计算这瓶葡萄酒里二氧化硫的含量，判断它是否达标。 【资料展示】根据所给资料对实验结果进行反思，分析碘量法的优缺点。 表3 5种方法测定葡萄酒中二氧化硫含量的检测结果 Table 3 Comparison of results obtained for the determination of sulfur dioxide in red and white wines using different methods	【学生思考】根据实验所得数据和含量表达式计算二氧化硫的含量，结合规定使用量判断是否达标，从所给信息思考碘量法的准确度，分析碘量法测定数据偏高的原因。	锻炼实验分析能力，能根据理论知识和探究目的设计实验，培养定量实验研究的化学科研思维。 提高对实验数据进行处理和信息加工的能力，培养实验后进行反思的习惯，养成严谨认真的科学探究态度。
课外延伸与总结迁移	【方法拓展】介绍比色法，离子色谱法，等电位滴定法等多种化学科研检测方法。 【课堂小结】 ◇物质性质决定用途观念 ◇实验设计和探究方法 ◇对物质及其反应的辩证认识 【教师讲述】通过对葡萄酒中二氧化硫的探析，复习了二氧化硫的性质，并分析了二氧化硫在葡萄酒中的作用，强化性质决定用途的观念。从理论知识向实验探究过渡，完成了定性和定量实验方案设计，了解了很多的不同探究检测方法，我们可以应用这些方法去解决实际问题，体现化学学科对生活的重要性。最后我们要辩证认识物质及其反应。以二氧化硫为例，它虽然有不利影响，但只要控制含量，它就是葡萄酒里无可替代的唯一的食品添加剂，所以我们要全面认识物质，运用化学去发挥物质的长处，趋利避害，成就美好生活。	【学生活动】了解不同定量检测物质含量的化学方法和仪器。 【学生活动】回顾整堂课的化学理论知识和实验探究思路，发表自己的体会和收获。	形成化学知识和方法服务于社会的意识，理解化学与生活的紧密联系。 通过课堂总结和学生自身体会渗透化学思想，培养证据推理与模型认知、科学探究与创新意识、科学态度与社会责任的化学学科核心素养。

教学环节	教师活动	学生活动	设计意图
课外延伸与总结迁移	【探究活动】请同学们根据今天所学知识，选择合适的化学反应以及化学仪器就碘盐的问题展开探析。 课后实验活动： 探究目的：检验含碘盐中碘元素的存在并测定其含量 请自选试剂和仪器，设计实验方案完成探究，交评估方案的可行性	【学生活动】反思整堂课对定性和定量实验探究过程，归纳总结探究方法和思维，形成具体思路，设计实验方案，完成自主探究。	培养学生进行学习反思的习惯，体会化学思想和思维，并运用于解决的实际问题，完成知识迁移。

六、教学反思

整节课以葡萄酒中二氧化硫为情境线索，复习二氧化硫的性质及用途，贯穿实验方案设计的思路方法，达到培养学生化学学科核心素养的基本目标。教学过程中以学生自主推理探究为主，教师引导思路为辅，但两次试验方案设计过程都是学生提出想法后，教师演示实验验证，学生没有自己动手操作。所以还可将整堂课设计为项目式教学，把两个演示实验优化为分小组进行的学生实验，在课前让学生进行资料收集，课中发布学习探究任务单，让学生设计方案进行实验。各个小组可采用不同实验方法，然后根据反应原理和文献资料推理解释实验现象，得出正确结论完成探究。课后继续整理研究思路进行方法迁移。项目式教学能够更好地锻炼学生综合能力和学科思维，但在真实课堂教学中对设备条件、教学进度控制、学生安全都具有较大挑战，所以该教学设计的优化还值得进一步的研究，还需要教师从理论出发把握整体知识结构，在实践中不断修正改进，力求达到最好的教学效果。

七、备课参考

情境素材：二氧化硫是葡萄酒的生产原料之一。

图片素材：葡萄酒配料表、我国规定的葡萄酒中二氧化硫最高含量图、葡萄酒的成分图、用 pH 传感器测定的 $6\%H_2O_2$ 溶液滴入葡萄酒过程中溶液的酸度变化曲线图。

视频素材：工业生产过程中向葡萄酒中喷灌二氧化硫气体的视频。

素材分析：以探究葡萄酒中的二氧化硫含量为问题情境，先通过视频让学生了解葡萄酒的生产工艺，再通过演示实验中 pH 传感器显示的溶液酸度变化曲线验证二氧化硫的存在，最后用碘量法定量测定含量。整节课通过创设真实情境，将生产工艺与化学实验结合，素材丰富，贴近生活。

有机化合物篇

基于有机实验一体化的教学实践探究
——苯

重庆市求精中学校　余　瑶

一、内容解读

1. 新课标分析

普通高中化学课程（2017 年版）标准中指出："要求了解有机物的主要性质和应用，满足公民对基本素养的要求；掌握有机物的规律和研究方法，为以后的进一步学习有机化学打下知识基础和能力基础。"

2. 教材分析

本节课的内容位于化学必修 2 的第三章的第二节——来自石油和煤的两种基本化工原料。

苯是最简单、最基本的芳香烃，又是一种重要的有机化工原料，在工业生产中有重要用途。熟练掌握苯的性质是以后学习芳香烃及其衍生物的前提和基础。本节课将分析确定苯的结构，由苯的结构推测并验证苯的性质，在知道苯的性质的基础上学习苯的用途。

本节课的主要内容：苯的机构、苯的物理和化学性质。

二、学情分析

1. 已知基础

学生通过初中的学习，已经了解了简单有机物，如甲烷，具有了一定的"先备知识"，也为"后续学习"奠定了基础。他们渴望通过自主学习，独立掌握研究物质结构及性质的基本方法。利用已有的知识和生活经验，通过设置情景、解决问题、实验探究、推理验证等方法获得新知识。

2. 潜在困难

学生接触有机化学的时间不长，从原理上对特定官能团发生的反应不能理解。学生根据质谱图对苯的结构预测较易，但是对反应现象的原因及其本质却存在问题，主要原因是因为基础知识的不足。不同于无机实验，在有机实验中，学生更少涉及实验的操作，因此演示实验过程中要注重实验的讲解。

三、教学目标

1. 知识与技能

理解苯的分子式、结构式，通过探究苯的结构的过程，掌握苯的物理性质和化学性质。

2. 过程与方法

通过演绎历史上对苯的结构的探究环节，理解苯的结构，通过经典实验预测苯的结构。

3. 情感态度与价值观

培养学生的科学探究精神，同时提高学生对化学的兴趣，体验化学的魅力。

四、设计思路

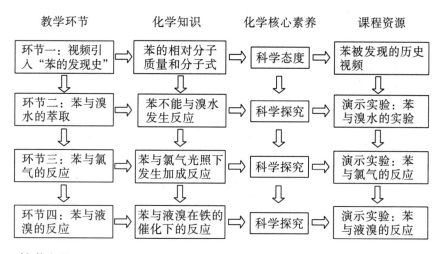

五、教学实录

教学环节	教师活动	学生活动	设计意图
环节一 视频导入	【视频导入】播放"苯被发现的历史"。 【讲述】视频中法拉第蒸馏得到的液体，就是我们今天要学习的主要物质——苯。 【补充】苯是一种重要的有机化合物，它是石油化工的基础性原料。苯的产量和生产技术水平是一个国家石油化工水平高低的标志之一。苯从被发现到今天走过了近两百年的历史，就让我们一起来探寻苯的奥秘！ 【提问】苯被发现后，立即在化学界引发轰动，这是为什么呀？ 【解答】因为苯有一个非常显著的特点，那就是苯只由碳氢两种元素组成，但其碳的含量史无前例的高，居然达到了92.3%。于是，苯吸引了很多优秀的科学家对它展开研究，9年之后，法国科学家日拉尔宣布他终于取得了突破性进展，通过燃烧法测算出苯的相对分子质量和分子式。 【过渡】19世纪，要确定一种新物质的分子式，往往需要几年甚至十几年的时间，这是因为当时研究手段单一，研究只能依靠经典的化学实验，而今天的科学家是幸运的，可以在几分钟之内确定新物质的分子式，比如依靠质谱仪绘制出质谱图，然后分析质谱图，最后确定分子式。	【观看视频】 【思考】苯的重要性。	以"苯被发现的历史"吸引学生的学习兴趣，调动学生学习的主动性，使学生全身心参与到课堂中来。

教学环节	教师活动	学生活动	设计意图
环节二 苯与溴水 的萃取	【投影】苯的质谱图。 【提出问题】这是一张苯的质谱图，请同学们根据这幅图，分析出苯的相对分子质量和分子式。 【过渡】同学们花了两分钟确定了苯的分子式，完成了历史上9年才取得的重大突破。现在在我们知道了苯由碳氢两种元素组成，每个苯分子中含有六个碳原子和六个氢原子，那么这十二个原子是怎样连接在一起的呢？请同学们大胆猜想苯的结构？ 【引导】碳原子能形成四条共价键，氢原子只能形成一条。 【总结】同学们猜想的结构有链状的，有环状的，对大家的结论汇总，分别是结构1~5。 【过渡】对同学们猜想出的结构，历史上科学家也曾提出过，到底哪一个是正确的呢？"结构决定性质，性质反映结构"，结构是否正确，我说了不算，你们说了也不算，谁说了算？性质说了算。只有通过实验，当苯的性质和结构相匹配时，苯的结构才是合理的。而真相只有一个，我们看哪个才是苯的真面目！ 1、2号结构是典型的链状不饱和烃，含有碳碳双键和碳碳三键，如果这两个结构是正确的，那就一定能发生碳碳双键和碳碳三键具有的典型的有机反应类型，是什么有机反应呢？ 【讲授】加成反应。而我们学习乙烯的时候，要证明乙烯分子中含有双键，往往让乙烯和什么发生加成反应？当然是溴水。因为其与溴水加成反应快速，现象明显，便于判断。 【演示实验1】苯与溴水的萃取。 【提问】 1. 苯是无色的，溴水是橙色的，苯和溴水谁在上层？为什么？ 2. 震荡静置后，大家看到了什么现象？颜色发生了什么变化？ 3. 这个操作过程叫什么名字？ 4. 这个过程是物理变化还是化学变化？ 5. 既然不是化学变化，那么溴水能与苯发生加成反应吗？ 6. 苯分子结构中是否含有碳碳双键或碳碳三键？ 【总结】苯分子结构中不含碳碳双键和碳碳三键。苯分子结构也就剩下了棱柱烷。	【观察图片并思考】 【猜想】苯的相对分子质量和分子式。 【思考】 【回答】加成反应。 【认真观察】 【回答问题】 【总结】苯分子结构中不含碳碳双键和碳碳三键。	运用图片，激发学生学习兴趣，同时还能起到化难为易的作用，加深学生对苯的结构的理解，促进教学中的德育，陶冶学生情操。
环节三 苯与氯气 的反应	【提问】棱柱烷为什么不能和溴水发生加成反应？ 【过渡】刚才，我们依靠经典的化学实验来讨论苯的结构，21世纪的今天，科学家要确定一个新物质的结构，还有更加高科技的手段，比如核磁共振氢谱！核磁共振氢谱图能提供有机物有几种等效氢的有效信息，我们就来看看苯的氢谱图。 【投影】苯的氢谱图。 【讲授】从图中不难看出，苯分子中六个氢原子地位相等，属于等效氢原子。 【提问】 1. 和凯库勒式相比，棱柱烷式只靠单键连接，结构和烷烃相似，烷烃有什么典型的有机反应呢？	【思考】 【观察】 【回答】取代反应。	

教学环节	教师活动	学生活动	设计意图
环节三 苯与氯气 的反应	2. 如果棱柱烷式是苯的真实结构，那么苯因为只含单键，应该能够与卤素单质发生取代反应，那事实是怎样的呢？科学家们的猜想能否实现呢？ 【过渡】俗话说真金不怕火炼，我们来专门给它设计一个实验。 【演示实验2】苯与氯气的反应 【引导学生观察实验】滴入苯，振荡，没有明显变化怎么办？是否就无法反应？回忆甲烷与氯气在光照条件下取代，需要光照条件，如何提供光照？ 【提问】 1. 那么这个反应到底是取代反应还是加成反应呢？ 2. 如何来证明我们的推测呢？ 【回忆旧知】回忆甲烷取代和乙烯加成的反应方程式，回忆氯化氢的存在意义。 【推测】如果是加成反应，就不会有氯化氢生成；如果是取代反应，就会有氯化氢生成。那么检验氯化氢就成了判别反应类型的重要依据。 【提问】如何检验氯化氢呢？ 【实验操作】镊子夹取湿润蓝色石蕊试纸置于试管口。 【结论】湿润的蓝色石蕊试纸无法变红，因此苯与氯气发生的反应是加成反应，也说明苯分子中含有不饱和键，这样一来，全部由碳碳单键连接而成的棱柱烷，肯定就不是苯的结构，只能排除掉！	【观察实验前后变化】 【回答】镁的燃烧提供光照。 【回答1】取代反应。 【回答2】加成反应。 【回答】利用氯化氢的酸性来检验。	化学是一门以实验为基础的学科，宏观变化固然可见，但是肉眼不能直接观察到微观结构，因此本节课运用高科技手段——核磁共振氢谱，一方面，增加了学生对化学仪器功能性的认识，另一方面，也体现出化学学科的严谨性、科学性。
环节四 苯与液溴 在铁做 催化剂的 条件下 反应	【过渡】当科学家们完成这个实验后，心情和我们一样，感觉走进了死胡同，猜想出来的5种结构，要么彻底排除了，要么存在缺陷。这就好比做选择题的时候，排除了A，排除了B，也排除了C和D，你们怎么办？是放弃？还是重新整理思路，继续探究？选择继续探究的同学们具有科学探索的精神，值得表扬。科学是永不言败的，科学家也正是因为有不服输的科学探索精神，最终才能破解苯结构的谜题。也正是因为苯的结构特殊，所以一代代科学家前仆后继，耗费了一百多年的时间才最终揭示了苯的结构。 最后剩下的凯库勒式，虽有缺陷，但它却是目前最符合苯性质的结构。1864年凯库勒提出苯的凯库勒式，他提出了苯是环状结构，在相当长的时间里，人们都认为凯库勒式就是苯的真实结构，这个相当长的时间有多长？有六七年。其实这种正六边形，单双键交替出现的结构在凯库勒提出之前，就有法国科学家劳伦在其著作中谈到了，但是为什么劳伦的观点没有得到化学界的认可，而凯库勒的学说却在化学界引起了巨大反响，成为有机化学发展史上的里程碑，同时凯库勒也成为一代伟大的化学家？究其原因，是因为凯库勒的结构不是凭空猜想，而是有实验依据的，凯库勒做了一个经典的苯的实验，才确立了苯是单双键交替的结构。那么，我们现在就来重走这伟大的科学家之路，重演这样一个给凯库勒带来事业巅峰的化学实验。 【演示实验3】苯与液溴在铁做催化剂的条件下反应。 【提问】 1. 湿润的蓝色石蕊试纸变红，说明了什么？ 2. 有溴化氢产生，证明苯与液溴发生了什么反应？ 3. 取代反应发生了，说明苯分子中含有什么键？	【观察实验现象】 【回答】有酸性物质产生。取代反应。	

教学环节	教师活动	学生活动	设计意图
环节四 苯与液溴在铁做催化剂的条件下反应	【分析】以上实验说明了苯含有碳碳单键。 【引导分析】苯与溴水只萃取不加成，说明苯不含双键和叁键；苯与氯气光照下加成，说明苯含有不饱和键，这种不饱和键不是双键，也不是叁键；苯与液溴又可以发生取代，这又表明苯具有烷烃的性质。 这三点说明什么？苯既能取代又能加成，苯具有一种特殊的键，它既非双键又非叁键，是一种能发生取代也能发生加成的独特的不饱和键。那么，我们的推测对吗？ 【总结】科学家利用 X 射线衍射可以测出苯分子中碳与碳之间的键长，研究发现苯分子中有六条碳碳键，且每条碳碳键竟然长度相等，为 140pm，这个数据介于碳碳单键的键长和碳碳双键的键长，说明它既不是单键也不是双键，而是一种区别于传统单键和双键的既能发生加成反应又能发生取代反应的一种独特的键，这种键到底是什么呢？直到 1931 年，距离凯库勒提出凯库勒式之后的 67 年，半个多世纪的时间，20 世纪最伟大的化学家鲍林提出：每两个碳原子之间的键均相同，是由一个既非双键也非单键的键（大 π 键）连接。于是就有了苯的鲍林式的出现。由于在漫漫的探索路上，化学家们已经习惯使用凯库勒式，虽然它并不能完美体现苯的真实结构，但还是沿用至今。所以无论书写凯库勒式还是鲍林式都认为是正确的。虽然苯是迄今为止发现的有机化合物中最基础的芳香烃，但是科学家研究苯的脚步却一直没有停止过。1988 年美国 IBM 通过扫描隧道显微镜技术拍摄了首张苯分子的照片，确定了苯分子是环状正六边形结构。随着计算机技术的进一步发展，在 2009 年，IBM 公司拍摄了并五苯的分子图像，我们能更加清晰地看到苯环完美的正六边形结构。	【疑惑】既不是碳碳单键又不是碳碳双键。 【思考】六条碳碳键没有区别。	在历史的长河里，无数科学家为了一个结构呕心沥血，甚至终其一生都未能研究出响应的成果，而不断的探索，终究真相会浮出水面。这也让同学们学习科学家们勇于登攀、敢于超越的进取意识，凭着科学求实、严肃认真的工作作风；从而培养学生的科学态度与社会责任、证据推理和模型认知的核心素养。
结语	【结语】今天我们踏着前人的足迹，踩着巨人的肩膀，一步步接近苯的真实结构，其中涉及了一些苯的性质，我们一起来回顾一下，苯的物理性质和化学性质。今天我们用了 40 分钟演绎了科学史上近两百年（1825—2009）探索苯的漫长道路，科学探索的道路从来都是艰辛、曲折、反反复复的，科学家在崎岖的研究之路上蹒跚前行，只有不懈的努力，才能更接近事实的真相，科学家对苯的研究并没有停止，苯这个只有 12 个原子组成的环状分子还有很多的谜题等待着我们去发现，去探索。这就是永无止境的科学之梦，实现这一个个科学的梦想，才能铸就我们中华民族的强国之梦。		
板书设计	苯 1. 苯的物理性质。 2. 苯的化学性质。		

六、教学反思

（1）评价激励不够。课堂气氛不够活跃，跟教师的激励不够有很大的关系。在课堂上，对于学生的回答，因评价比较随意，缺乏鼓励，学生的情绪也不会高涨。可见，教师的评价激励着学生的学习活动，调控着学生的学习兴趣。

（2）缺乏课堂机制。

（3）时间分配不合理。苯的物理性质学习所用时间较长，导致学生猜测苯的结构时，短时间内思维比较局限，不够发散，得不到想要的课堂教学效果。鉴于课堂时间有限，整体布局还应该做出调整。

七、备课参考

情境素材：苯的发现史、苯结构的推测。

图片素材：苯的质谱图、学生猜想的苯的结构、苯的核磁共振氢谱图。

视频素材：苯被发现的历史。

素材分析：本节课大量使用了化学史教学，知之者不如好之者，好之者不如乐之者，只有对知识产生兴趣，才能孜孜以求，自觉探索。科学探究始于提出问题，发现问题。纵观科学史，每一次重大发现几乎都是从质疑开始的。爱因斯坦曾说过，他并没有什么特殊的才能，只不过喜欢寻根问底地追究问题罢了。化学教学实践也表明，在教学过程中只有想方设法地增强学生的问题意识，调动学生的积极性，方可让学生变被动接受"静态化学结论"为主动探索"动态化学过程"，从而真正成为学习的主人，成为知识的探索者和发现者。中学生由于存在情感不稳定、意志力较差的弱点，如果学生的学习兴趣只停留在对化学知识好奇的程度上，随着知识层次的加深，一旦遇到抽象、理论性较强的知识，他们的兴趣就会锐减。所以还必须将学生的心理状态引向更深层次：端正其学习动机，强化其学习意志。有了正确的动机才能产生学习的动力和意志。学生的动机和意志力不是教师能强加的，它需要在长期的教学过程中潜移默化地形成。巧妙利用化学教材中的化学史，也是端正学习动机、培养学生学习意志的一条有效途径。

基于核心素养发展的情景教学实践
——《苯酚》的教学设计

重庆市求精中学校　王　勉

一、内容解读

1. 新课标要求

教育部发布的《中国学生发展核心素养》明确表示，只有学生具备了核心素养，才能成为更健全的个体，更能适应未来社会的发展变化。高中化学新课程标准指出："高中化学新课程应有助于学生主动构建自身发展所需要的化学知识与基本技能，进一步了解化学学科的特点，加深对物质世界的认识，有利于学生体验科学探究的过程，学习科学研究的方法，加深对科学本质的认识，增强创新精神与实验能力。"由此可见，新课标重视学生知识体系的建构，探究能力的培养以及思维模式、问题解决模式的形成。在新形势下，高中化学的教学任务并非碎片知识的简单积累和叠加，而是在学习的过程中渗透学生的主观意识，将其成功内化为一种思考方式，从而在未来的发展中能够保持对物质世界的基本观念与态度，变通地运用这些素养与能力来解决实际问题。

2. 教材分析

苯酚一课需要落实的苯酚的重要知识有：物理性质（溶解性）、弱酸性、与碳酸的酸性强弱比较、取代反应、显色反应等。

通过分析，情境教学适用于《苯酚》一课的学习，教师在教学活动中结合教学内容，将问题嵌入一定的背景中，实现知识由虚到实的转变。在这一过程中，学生通过具体的教学情境，增强知识的代入感，提高学生在课堂上的兴奋程度，激发学生的深层理解，促进知识的迁移与运用。

教师应该突破实际教学内容的局限，以综合的观念体系来整合课程，开发教学资源，使得教学过程不光体现具体知识点的学习，还要致力于核心观念的培养。在这个过程中，教师将实际的教学问题通过确定的教学情境抛给学生，再结合相应的教学活动，让学生身临其境地解决问题，从而帮助学生建构核心的观念，培养化学核心素养，整合图示如下：

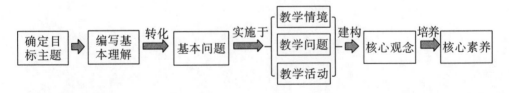

二、学情分析

1. 已有基础

从知识层面来看，学生通过必修阶段的学习，已经具备了一定的有机物的知识基础，掌握了几种常见的有机物反应类型。从能力层面来看，学生已经具备了一定的分析问题、解决问题的能力，对"结构决定性质，性质决定用途"这一思维方法比较熟悉，学生也能从官能团的角度去预测酚类物质的性质。

2. 潜在困难

学生在设计实验探究苯酚抑菌液是否仍有效的环节，对探究学习的过程不太明确，因此使得学生可能存在一定的畏难心理。

三、教学目标

（1）通过认识苯酚的结构和性质，强化"结构决定性质"的观念，并通过与乙醇中羟基的进行对比归纳，以宏观和微观相结合的视角分析与解决实际问题，理解有机物中基团之间是会相互影响的，从而发展宏观辨识与微观探析的核心素养。

（2）通过学习苯酚的酸性、苯酚的检验等实验探究，从实际问题和假设出发，设计探究方案，进行实验探究，发展科学探究与创新意识。

（3）通过介绍苯酚的发展历史以及苯酚乃至酚类物质在生产生活中的应用，体会化学在生活中的重要作用，并学会以化学的眼光来看待物质世界，发展科学精神与社会责任。

四、教学思路

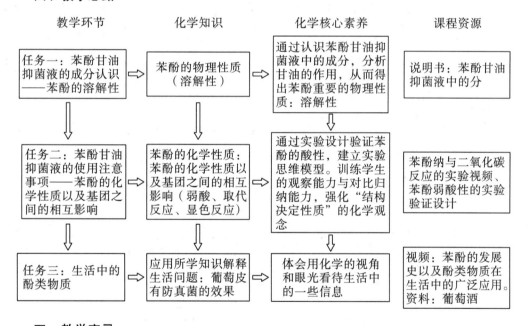

五、教学实录

教学环节	教师活动	学生活动	设计意图
环节一 苯酚甘油抑菌液的成分认识	【展示包装盒】请同学们仔细观察苯酚甘油抑菌液的图片，它的主要成分有哪些呢？ 【资料卡片】有资料表明，苯酚可以抑菌止痛，所以苯酚在这个药物中主要起到抑菌的效果。 【提出问题】甘油的作用又是什么？	【观察图片并回答】：苯酚、甘油。 【思考】甘油做溶剂。 【得出结论】苯酚易溶于有机溶剂。	以具体的药物引发学生的兴趣，通过认识苯酚甘油抑菌液中的成分，分析甘油的作用，从而得出苯酚重要的物理性质：溶解性。

教学环节	教师活动	学生活动	设计意图
环节二 苯酚甘油抑菌液的使用注意事项	【展示说明书】请同学们仔细阅读说明书，苯酚甘油抑菌液在使用的过程中都需要注意些什么问题呢？ 【提出问题】苯酚为何不能和碱性药物并用？由此，你能推测苯酚可能具备怎样的性质呢？有哪些方法可以证明苯酚具有酸性呢？（结合所提供的试剂） 【实验指导】请同学们根据你所设计的方案进行实验验证。 【过渡】检验苯酚弱酸性的方法很多，比如，可以采用强酸制弱酸的原理，往苯酚钠中通入 CO_2 气体，我们一起来看看这个实验，往苯酚钠溶液中通入过量二氧化碳气体，有什么现象呢？你能得出什么结论？ 【提出问题】从刚才的学习中我们知道苯酚具有弱酸性，但同有羟基，为何苯酚有酸性而乙醇无酸性？ 【提出问题】非常好！但反过来，羟基对苯环的活性有影响吗？ 【过渡】该抑菌液要避免阳光直射，及时密封，苯酚抑菌液使用后为何要立即密封？ 【总结】苯酚易被氧化这一性质也是基团之间相互影响的结果。 【过渡】苯酚抑菌液要及时密封，长期敞开容易变质。但是，如何检验久置的苯酚甘油抑菌液是否仍有效？请同学们阅读教材第54页的资料卡片，寻找解决问题的方法，再用你找到的方法对桌面上提供的样品进行验证。	【阅读】仔细阅读说明书，从化学的角度理解说明书中的注意事项。 【回答】不能长期使用，也不能和碱性药物混用等；使用完毕后及时密封。 【思考并回答】苯酚可能具备酸性。 【小组讨论，自主设计】检验酸性的方法，根据所提供的试剂设计出方法1：采用石蕊指示剂来验证；方法2：向加了酚酞的氢氧化钠溶液中滴加苯酚观察是否褪色。 【分组实验探究】苯酚的酸性 【得出结论】苯酚具有弱酸性，不能使指示剂变色。 【观看视频、得出结论】溶液变浑浊，说明有苯酚生成，苯酚的酸性比碳酸的酸性更弱。 【思考并回答】说明了苯环对羟基产生了影响，导致羟基更加活泼，从而可以电离出氢离子。 【对比归纳】苯酚的溴代反应和苯的溴代反应 【得出结论】连有羟基的苯环更容易发生取代反应，羟基也会影响苯环的活性，苯酚中的苯环和羟基是相互影响的。 【思考并回答】苯酚易被空气中的氧气氧化，说明苯酚具有还原性。 阅读教材，寻找信息。 【结论】可以采用 $FeCl_3$ 溶液来检验苯酚，向苯酚中加入 $FeCl_3$ 溶液变紫。 【分组实验探究】：苯酚的检验，并进行小组汇报。	通过说明书中的信息解读来让学生体会用化学的视角和眼光看待生活中的一些信息。 根据客观事实作出合理推测，从而形成了：提出问题→作出假设→设计方案→进行实验→得出结论这样一个解决化学问题的具体方法，有助于学生思维模型的建立。 由不能使指示剂变色引起学生知识的冲突，通过与方法二相结合从而得出苯酚的酸性很弱这一结论，激发学生的深层思考。 针对具体的事实，从结构的角度来进行解释，强化"结构决定性质"的化学观念。 通过从反应物浓度、反应条件、产物等的差别对比苯酚的溴代反应和苯的溴代反应，从而得出结论，训练学生的观察能力与对比归纳能力。 强化基团之间相互影响的观念，学习苯酚的还原性。 先阅读教材寻找信息，根据所得到的信息对样品进行验证，并小组汇报自己的检验结果，体会化学知识在生活中重要作用。

续表

教学环节	教师活动	学生活动	设计意图
环节三 生活中的酚类物质	【由苯酚到酚类化合物】播放视频：苯酚的发展史以及酚类物质在生活中的广泛应用。 延伸阅读：20世纪80年代，世界卫生组织调查发现，尽管法国人偏爱奶酪等高脂肪食物，但冠心病发病率和死亡率低于其他西方国家，其原因可能是与法国人常饮含芪三酚（白藜芦醇）的葡萄酒有关。 【提出问题】结合本节课所学的知识，从化学的角度来解释以下两个问题：①葡萄皮可以防止真菌侵袭；②葡萄酒可以抗氧化，预防衰老。 【结束语】化学知识的学习不仅给我们带了知识，还给我们认识物质世界开了另一扇窗口，以化学的眼光来认识世界，会发现生活处处是学问！	仔细观看视频。 阅读材料，结合苯酚的性质，从结构出发，从化学的角度解释这两个问题。	展示苯酚的发展历史，体会苯酚乃至酚类物质在生活中的重要作用，培养学生的化学学科核心素养。 通过分析材料，结合苯酚的性质，将"苯酚"的知识上升到"酚类"物质的知识，实现知识的拓展，有助于学生深入理解有机物中的"官能团"，实现知识的主动建构。体会从化学的视角认识物质世界这一方法，培养学生的化学学科核心素养。
板书设计	苯酚 1. 苯酚的物理性质——溶解性。 2. 苯酚的化学性质。 （1）弱酸性 （2）取代反应 （3）还原性 （4）显色反应　苯酚中基团之间的相互影响。		

六、教学反思

1. 本节课的设计特色：

（1）严格把握"苯酚"的内容特点，深入理解知识的内在逻辑，采取创设真实情境的方式进行教学。

在设计本次案例之前，笔者详细分析了学生的认知水平以及本节课"苯酚"的内容特点，同时，广泛查阅资料与文献，分析当前"苯酚"一课的主流教学方法，并将各种方法的优点进行整合，结合学生已有的知识，以"苯酚甘油抑菌液"为情境线索，将情境与苯酚重要的知识串联，以培养学生的核心素养为目标，将教学的重点环节拆分成不同的教学问题，通过教学情境来突破和完善教学的重难点，使学生在问题情境中体会苯酚的物理、化学性质，苯酚中基团之间的相互影响等。

（2）渗透了有机物学习中的重要思想，即基团与基团之间是相互影响的。

通过对说明书中的注意事项进行解读后，提出"为什么苯酚甘油抑菌液不能和碱性药物并用"这一问题来引发学生思考，从而进行苯酚酸性的探究，在实验的过程中，通过观察实验现象，总结实验结论等，发展了学生的科学探究与创新意识。再结合苯酚的取代反应，将苯酚与苯、乙醇进行对比归纳，从而得出结论：有机物中基团之间是相互影响的。

（3）有效地实现了知识的上升、延伸。

本节课在后续的应用问题中将"苯酚"上升到"酚类物质"，不仅实现了知识的延伸，也巩固学生的模型建构，促进学生核心素养的达成。

（4）培养学生以化学的视角来认识物质世界。

本节课的最后，介绍苯酚及酚类物质的发展史，让学生体会到化学的发展与科技的进步，理解从化学的视角来看待物质世界，促进学生科学精神与社会责任的养成。

2. 但本节课也存在着还需要改进的地方，反思如下：

（1）本节课结合情境素材进行问题驱动式教学，这些问题或许可以采取一定的方式让学生自己提出来。苯酚也会对环境造成污染，主要体现在工业废水这一方面，可以设置苯酚废水的处理方法，这也是教材中的一个重要实践活动，体现了对教材的回归，也实现了教—学—评的一体教学过程。

（2）本节课的学习渗透了有机物中基团与基团之间是相互影响的这一重要思想。但就科学探究中的一般思路：提出猜想—设计方案—实验验证—得出结论。这个指导思想在学生实验中有所体现，但落实程度还不够。而且知识的学习，是为了内化并应用，如何在课堂上对学习效果进行及时的评价诊断，还需要做出一些改进。

七、备课参考

情境素材：苯酚甘油抑菌液，法国人冠心病发病率和死亡率。

图片素材：苯酚甘油抑菌液及其说明书、苯酚、酚类物质、白藜芦醇、葡萄酒、教材资料卡片。

视频素材：由苯酚到酚类化合物。

素材分析：通过查阅文献，当前主流的情景教学设计思路有以下三种：①苯酚软膏说明书的解读；②含苯酚废水的处理；③茶多酚等酚类物质在生活中的应用。通过分析以上三种设计思路，将其优点进行结合，再查阅大量资料，利用"苯酚甘油抑菌液"这一药物的成分认识和使用时的注意事项作为情境线索，通过认识药物包装盒上的主要成分来学习苯酚重要的物理性质——溶解性，再根据药物在使用时的注意事项学习苯酚的重要化学性质（弱酸性、取代反应、显色反应等），有效地实现了情境线索与知识的结合，并设置探究性实验以及不同的教学问题以此来启发学生的思考。在课程的最后，采用"葡萄酒"这一素材将本节课的知识由"苯酚"上升到"酚类物质"，不仅符合知识的建构过程，也教会学生以化学的眼光来认识物质世界的方法，发展学生的学科核心素养。

基于核心素养视阈下的高效课堂再探
——《乙醛》的教学设计

重庆市求精中学校　李道兵

一、内容解读

1. 新课标要求

高中化学课程标准修订组提出包含"宏观辨识与微观探析""变化观念与平衡思想""证据推理与模型认识""实验探究与创新意识""科学精神和社会责任"5个要素的高中化学核心素养。这些核心素养是学生的必备品格和关键能力。

学生在面对具体情境及与化学相关事实时，能够在观察与辨识的基础上提出问题、开展探究并得出结论；能够正确运用化学模型描述或预测物质及其变化、分析与解释化学现象；能够结合具体情境，调用已有知识与方法分析解决问题，在化学原理应用时自觉考虑化学过程对自然带来的可能影响，贯彻可持续发展思想和坚持"绿色化"的观念。如何在教学中通过对有机物空间结构和成键特点、官能团与性质的关系的相应学习，落实对学生核心素养的培养是教师应该关注的重点。

2. 教材分析

醛是一类重要的烃的衍生物。由于醛基的活泼性，醛可以发生多种化学反应，在有机合成中起着重要的作用。在中学化学中所介绍的烃的含氧衍生物中，醛是有机化合物相互转变的中心环节，也是后面学习糖类知识的基础。教材在简单介绍了乙醛的分子结构和物理性质之后，从结构引出乙醛的两个重要化学反应：乙醛的加成反应和氧化反应。学生通过学习乙醛与氢气的加成反应，把乙醛与乙醇联系起来，并结合乙醛的加氢还原，从有机化学反应的特点出发，定义有机还原反应的概念；通过乙醛的氧化反应，又把乙醛和乙酸联系起来，同时结合乙醛的氧化，给出了有机氧化反应的概念，从而在无机化学中所学氧化还原反应的定义和范围，在有机化学中得到了扩展和延伸。

二、学情分析

1. 已有基础

从知识层面来看，在必修二中，学生已经简单地学习了乙醇和乙酸的性质及用途，上节课也对醇、酚相关内容进行了学习。因此，学生对乙醇的组成、结构、性质、用途已经有所了解。这对于学生建立"（组成）结构决定性质，性质决定用途"的有机物学习模式奠定了知识基础。从能力层面来看，学生已具备简单的知识归纳、概括及推导能力，但学生在实验探究中分析不到位、思考不全面，学生的问题解决能力还有待提升。

2. 潜在困难

学生在"宏观辨识与微观探析"层面的素养还有待提高，在探究实验时学生考虑问题的深度、广度还不够，其归纳概括能力、演绎推理能力、建立思维模型的能力有所欠缺。正确书写乙醛与氢气的还原反应、乙醛的氧化反应、乙醛与银氨溶液的反应、乙醛与新制 $Cu(OH)_2$ 的反应的化学方程式可能存在一定困难。

三、教学目标

（1）学生通过对乙醛性质的探究活动，学习醛的典型化学性质，掌握乙醛的加成反应和氧化反应，了解醛类的性质和用途，培养"变化观念与平衡思想"的核心素养。

（2）掌握醛基的鉴定方法。

（3）加深理解"氧化—还原""结构—性质"之间的辩证关系，培养"宏观辨识与微观探析"的核心素养。

（4）培养学生根据实验现象的分析、推理、判断能力，培养"证据推理与模型认知"的核心素养。

四、教学思路

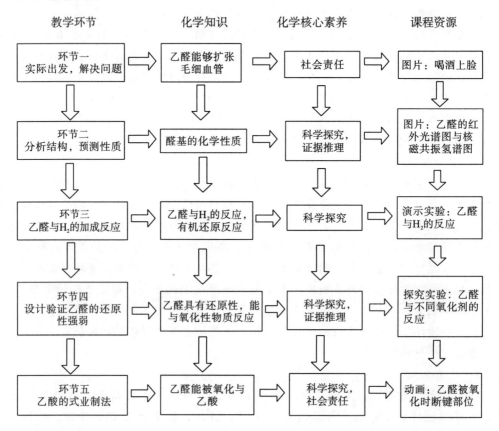

五、教学过程

教学环节	教师活动	学生活动	设计意图
环节一 激发兴趣 从实际 问题出发, 设问寻解	【引入】在日常生活中我们都会有这样的疑问，为什么有的人喝酒"千杯不醉"，而有的人喝一点酒就面红耳赤，情绪激动甚至酩酊大醉？酒量的大小到底与什么有关呢？ 乙醛具有让毛细血管扩张的功能导致脸红。	倾听，思考。	通过日常生活中我们很熟悉而又很困惑的一个问题，引出要学习的内容，激发学生的学习兴趣。

教学环节	教师活动	学生活动	设计意图
环节二 分析结构预测性质	【问题1】通过乙醛的红外光谱和核磁共振氢谱图，你能获取什么信息？ 【问题2】从结构上分析可知，乙醛分子结构中含有—CHO，它对乙醛的化学性质起着决定性的作用。请同学们根据醛基的结构来预测一下乙醛分子的化学键可能有哪些断裂方式，有可能发生哪些反应？你怎样来证明其化学键的断裂？	【学生观察】 断碳氧双键或碳氢键。	强化结构决定性质的认识视角。 培养分析问题能力，激发学生的求知欲。
环节三 乙醛与氢气的加成反应	乙醛中含有碳氧双键，请同学写出其与氢气加成的化学反应方程式。 【对比思考】乙醛与氢气反应生成乙醇，为还原反应；乙醇催化氧化生成乙醛，为氧化反应。 【问题3】乙醛能否发生氧化反应，体现还原性？如果发生氧化反应，氧化产物是什么？得氧还是去氢？得到的氧加在哪里？	【书写化学方程式】 【思考】	活跃学生思维，初步学会乙醛发生加成反应的化学方程式的书写及规律。 培养学生分析问题的能力。
环节四 设计验证乙醛的还原性的强弱	【实验探究1】如何快速检验乙醛具有还原性？ 提供的试剂有：①酸性 $KMnO_4$ 溶液；②新制 $Cu(OH)_2$ 悬浊液；③O_2（催化剂）；④$Ag(NH_3)_2OH$（银氨溶液） 【实验探究2】如何选择合适的试剂检验乙醛还原性的强弱呢？ 【学生分组实验】实验3—6：乙醛与新制氢氧化铜悬浊液反应。 【演示实验】实验3—5：乙醛与银氨溶液的反应。 【思考】请同学们讨论银镜反应成功的关键因素和注意事项。 成功的关键：反应在碱性条件下进行 银镜反应可以用于检验醛基的存在和测定醛基的数目，工业上用来制瓶胆和镜子。	【设计实验】取 1 mL 乙醛溶液于试管中，再滴加 2~3 滴酸性 $KMnO_4$ 溶液观察现象。 选择一种弱氧化剂。 观察并记录实验现象。 书写化学方程式。 观察并记录实验现象。 书写化学方程式。 注意事项： 1. 试管内壁洁净。 2. 必须用水浴加热，不能用酒精灯直接加热。 3. 加热时不能振荡试管和摇动试管。 4. 配制银氨溶液时，氨水不能过量。	通过乙醛发生氧化反应的分组实验，使学生进一步体验实验探究、得出结论的过程，锻炼他们设计实验的能力，增强小组合作意识。 加强学生实验探究能力。

教学环节	教师活动	学生活动	设计意图
环节五 乙酸的工业方法	【思考】如果工业上需要制备大量乙酸，从制备原理和经济成本角度考虑，采用什么氧化剂来氧化乙醛呢？试着书写该化学反应方程式。 播放乙醛发生氧化反应的断键、成键动画。 【思考】面红耳赤的醉酒人休息几个小时候又恢复正常，为什么？酒量又与什么因素有关呢？ 老师解答问题。	思考回答问题。 尝试书写化学方程式。 观看。 思考并回答问题。	
课堂小结	乙醛中的碳氧双键得氢发生还原反应（与 H_2 发生加成反应）生成乙醇；醛基中的 C—H 键得氧发生氧化反应（在醛基的 C—H 键中间插入氧）生成乙酸。	积极思考，与教师一起总结归纳。	形成解决实际问题的一般思路。
板书设计	乙醛 1．乙醛与氢气的加成。 2．乙醛还原性强弱的检测。 (1) 乙醛与酸性高锰酸钾溶液反应。 (2) 乙醛与新制银氨溶液反应。 $CH_3CHO+2Ag(NH_3)_2OH \xrightarrow{\triangle} CH_3COONH_4+2Ag\downarrow+3NH_3+H_2O$ 实验现象：反应生成的银附着在试管壁上形成光亮的银镜。 (3) 乙醛被另一弱氧化剂——新制的 $Cu(OH)_2$ 氧化。 $CH_3CHO+2Cu(OH)_2 \xrightarrow{\triangle} CH_3COOH+Cu_2O\downarrow+2H_2O$ 实验现象：溶液由蓝色逐渐变成棕黄色，最后变成砖红色沉淀。 3．工业上乙醛制乙酸。 乙醛催化氧化：$2CH_3CHO+O_2 \xrightarrow[\triangle]{催化剂} 2CH_3COOH$		

六、教学反思

本节课的设计特色有以下 4 个方面。

1. 核心素养的落地

乙醛的红外光谱图和核磁共振氢谱图是宏观体现，乙醛的分子结构和官能团结构则是微观辨析，体现了"宏微结合"、性质反应结构、结构决定性质的物质学习思路。醛基—羧基—碳氢键，从结构上的层层递进，到性质上的层层递进，体现了"变化观念"，"如何变化—变化的条件—变化的规律"的探究过程，为有机合成的学习埋下伏笔。本堂课还体现了"证据推理"，表现为：乙醛是否具有还原性？乙醛是否有较强还原性？乙醛能否被氧气氧化？这三个问题的解决帮助学生形成"科学探究的思维模型"：提出猜想（乙醛能否体现还原性）—设计方案（选择试剂）—实验验证（完成实验）—得出结论。

2. 新旧知识的处理

旧知识（乙醛降价发生还原反应）—新知识（乙醛变为乙醇，乙醛变为乙酸）—形成观点（氧化反应：得 O 失 H、化合价升高；还原反应：得 H 失 O、化合价降低）——观点应用（方程式、电极反应式、有机物的处理方式）。

3. 实验的探究功能

实验探究是为了建构知识、理清逻辑、设计"层进性问题"，让学生具备科学的思维方式。此理念在本节课的探究过程"如何快速检验乙醛具有还原性"中充分体现。

4. 高阶思维的开展

"挑战性问题"：书写检验醛基的方程式

学生需要考虑：根据—CHO 结构，理论上预测氧化产物为羧酸；根据反应现象，得知某些产物，猜测某些产物；根据化合价变化，确定某些比例关系，配平方程式。

"开放性问题"：乙醛与溴水反应机理

典型可能 1：加成反应

典型可能 2：氧化反应

在教师引导下，根据两种反应的不同之处，从反应物或生成物入手，进行验证。

用实验去探求化学反应原理可以激发学生的学习兴趣，同时结合理论进行分析，效果较好。用探究、实验、发现法教学，充分体现了教学活动中学生作为主体，教师作为引导者的新理念，体现了将课堂还给学生，重视学生的体验过程，使学生在体验探索的过程中快乐学习的理念，从而进一步培养了学生的创新能力，提高了创新素质。

提出问题—分析问题—解决问题—理性归纳，这一过程在整个教学过程和每一个教学环节中循环使用，使学生对乙醛的化学性质及相关反应原理的理解呈螺旋式上升，从而使学生形成完整的知识体系和良好的知识结构，也优化了课堂环节。

本节课落实的学科核心素养——培养学生"宏观辨识与微观探析""变化观念与平衡思想""证据推理与模型认识""科学精神和社会责任"化学核心素养。

从本节课的教学中，我也发现了一些问题：

（1）因受教学时间和容量的限制，课堂开放度不够高，没有给学生留足思考的时间，创设情境的效度没有完全达成。

（2）本节课要求学生根据提供的信息设计实验方案，对学生能力和素养的要求都很高，在引导学生的思路方面还需要进一步加强。

（3）在探究性学习活动中如何激发与推动不同层次的学生在各自的发展区域得到发展，完成他们自己的知识构建，需要进一步改进和完善。

七、备课参考

情境素材：喝酒上脸、乙酸的工业制法。

图片素材：乙醛的红外光谱和核磁共振氢谱图。

视频素材：播放乙醛发生氧化反应的断键、成键动画。

素材分析：通过"为什么有的人喝酒'千杯不醉'，而有的人喝一点酒就面红耳赤，情绪激动甚至酩酊大醉？酒量的大小到底与什么有关"等一系列化学问题导入课堂，激发学生的学习兴趣。通过乙醛的红外光谱和核磁共振氢谱图分析，强化结构决定性质的认识视角，培养分析问题能力，激发学生的求知欲。再通过快速检验乙醛具有还原性、与银氨溶液的反应等实验研究有效地实现了情境线索与知识的结合，并设置探究性实验以及不同的教学问题，以此来启发学生的思考。通过以上素材，不仅符合知识的建构过程，而且教会学生以化学的眼光来认识物质世界的方法，发展学生的学科核心素养。

发展学生高阶思维的教学实践探究
——揭秘阿司匹林

重庆市求精中学校　陈　鑫　袁　汀
重庆市第八中学校　傅晓健

一、内容解读

1. 新课标要求

认识官能团的种类，从官能团视角认识有机物分类，知道简单有机化合物命名。认识官能团与有机化合物特征性质的关系，知道常见官能团的鉴别方法。

2. 教材分析

阿司匹林是历史悠久的解热镇痛剂，临床应用已经超过百年，是医药史上三大经典药物之一。阿司匹林的药用功能与其分子中的官能团结构紧密相关。羧基具有酸性，能在一定程度上增强阿司匹林在水中的溶解性；酯基能发生水解反应，阿司匹林水解产物水杨酸有解热、镇痛、抗炎、抗血栓的作用。

阿司匹林的制备原料之一水杨酸是一种脂溶性有机酸，存在于自然界的柳树皮、白珠树叶和甜桦树中。阿司匹林要由天然药物水杨酸制备，阿司匹林水解产生的水杨酸才具备药物治疗功效，这也体现了阿司匹林的酯基在人体内逐渐水解达到药物"缓释"的效果。

阿司匹林的药用功能与其分子中的官能团结构紧密相关。采用日常生活中常用的处方药阿司匹林的结构分析与合成作为学习项目，通过真实问题的分析，有利于激发学生学习兴趣。围绕阿司匹林的结构、性质、功能、合成等方面展开探究，既能帮助学生梳理巩固羧基和酯基两种常见官能团的性质及检验，又能帮助学生形成解决关于有机化合物真实问题的思维模型。因此确定项目学习主题为"揭秘阿司匹林"，确定项目学习环节分为"阿司匹林药片有效成分的定性分析、定量测定、阿司匹林的合成路线"，复习羧基、酯基、酚羟基等官能团性质，加深对多官能团化合物中官能团相互影响的认识和应用。

二、学情分析

1. 已有基础

学生已经在高二系统学习过有机化学，对于羧基和酯基的性质已经了解过，学生已经具备一定的实验设计与分析能力。

2. 潜在困难

学生对于一个真实物质中官能团的综合应用还有待提升，对于真实情境下实验设计，分析，评价能力还有待提升。

三、教学目标

1. 通过对真实情境下问题的解决过程，熟练掌握羧酸、酯的结构特点、性质。

2. 通过定性研究阿司匹林的官能团检验，建立物质检验的一般思路以及控制条件，防止干扰；通过定量测定阿司匹林药片有效成分含量，掌握定量检测的核心研究思路，强化定量研究的观念，发展学生运用"结构—性质—性能"三者关系解决实际问题的能力。

3. 通过设计阿司匹林的合成路线活动，巩固酯化反应的实质及条件，通过对反应物的选择，增强思辨能力，提高实验设计与分析能力。

四、教学思路

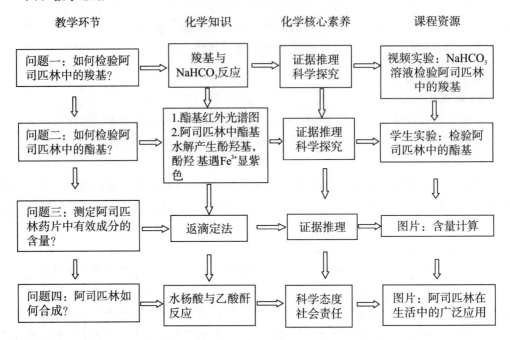

| 教学环节 | 化学知识 | 化学核心素养 | 课程资源 |

问题一：如何检验阿司匹林中的羧基？ → 羧基与NaHCO₃反应 → 证据推理 科学探究 → 视频实验：NaHCO₃溶液检验阿司匹林中的羧基

问题二：如何检验阿司匹林中的酯基？ → 1.酯基红外光谱图 2.阿司匹林中酯基水解产生酚羟基，酚羟基遇Fe³⁺显紫色 → 证据推理 科学探究 → 学生实验：检验阿司匹林中的酯基

问题三：测定阿司匹林药片中有效成分的含量？ → 返滴定法 → 证据推理 → 图片：含量计算

问题四：阿司匹林如何合成？ → 水杨酸与乙酸酐反应 → 科学态度 社会责任 → 图片：阿司匹林在生活中的广泛应用

五、教学过程

教学环节	教师活动	学生活动	设计意图
环节一 阿司匹林药物中官能团的检验	【教师讲解，提出驱动性问题】药片有效成分的定性、定量检测是衡量药物性质的重要依据。阿司匹林分子结构中羧基和酯基，怎样定性阿司匹林药片有效成分中的羧基和酯基呢？ 【布置任务1】 1. 酸的通性？ 2. 设计方案检验阿司匹林中的羧基？ 【教师分析论证学生的思路，并追问、提出分析型问题】两组同学分别从指示剂与某些盐反应生成新盐＋新酸的角度论证阿司匹林药片有效成分中含有羧基。那其他三个角度能设计实验方案验证吗？ 【教师概括】很好，同学们考虑很全面，的确用第一小组和第二小组的方案效果最好。 【教师总结】以上实验说明阿司匹林药片有效成分中含有羧基。	4人小组展开讨论，填写学案，之后进行小组汇报和交流。 【学生观点1】我们组觉得可以选用碳酸氢钠溶液，羧酸的酸性比碳酸强，如果含有羧基，可以看见气泡产生。 【学生观点2】我们小组讨论，觉得可以直接用酸碱指示剂，选用紫色石蕊溶液，溶液变红，说明有羧基。 【学生观点3】我们组认为活泼金属方案不太好，因为阿司匹林药片本身为固体，使用活泼金属就要求把阿司匹林配成溶液，而常用溶剂水和乙醇均会和活泼金属反应产生H₂，无法证明羧基的存在。 【学生观点4】我们小组讨论，认为酸碱中和方案也不太好，因为阿司匹林药片有效成分中，除了羧基会与碱反应外，酯基也会与碱反应，无法说明到底是哪种基团与碱反应，并且反应现象也不明显。	通过"预测—实验—证明"来检验阿司匹林中的官能团，帮助学生建立科学探究的一般思路。

续表

教学环节	教师活动	学生活动	设计意图
环节一 阿司匹林药物中官能团的检验	【布置任务 2】 阿司匹林药片有效成分的酯基该如何检验呢？ 【教师分析论证学生的思路，并追问、提出分析型问题】很好，同学们要么想到红外光谱，要么想到直接检验，要么就从酯基性质水解反应出发，阿司匹林的红外光谱图如下，波数 1800 的峰是酯基的吸收振动峰，那么我们可不可以设计化学方法来检验酯基？ 【教师概括】很好，同学们都将目光放在水解产物酚羟基上，既然大家形成了三种方案，下面大家就各自实验验证自己的方案。 【教师概括分析】那你们试着从酚羟基与 Fe^{3+} 显色原理上分析，看能不能找出原因？ 【教师追问】那要看到紫色，应该怎么做？ 【教师追问】你们打算用哪种试剂将溶液酸性减弱？ 【教师提问】你们认为红褐色沉淀是什么？ 【教师追问】那接下来你们打算怎样改进？ 【教师提问】你们想过为什么吗？	【学生观点 5】我们小组觉得用碱性氧化物方案也不好，原因跟第三组类似，Na_2O、CaO 会与溶剂水反应，用 MgO、CuO 可能速率太慢，现象不明显。 【观看视频实验】紫色石蕊变红，饱和碳酸氢钠溶液产生气泡。 4 人小组展开讨论，填写学案，之后进行小组汇报和交流 【学生观点 1】酯基的性质只有水解反应，水解反应怎么检验我们小组还没想好。 【学生观点 2】我们小组在讨论有没有什么可以直接检验酯基的我们不知道的试剂？ 【学生观点 3】我们小组想到了红外光谱，它能反映官能团的信息，不知道会不会太复杂了。 【学生观点 4】阿司匹林酸性条件下水解后，会生成邻羟基苯甲酸，前面我们学过酚羟基可以用 Fe^{3+} 检验，溶液显紫色。 【学生观点 5】阿司匹林在碱性条件下水解更彻底，水解完全后，再加入适量盐酸，生成邻羟基苯甲酸，加入 Fe^{3+}，溶液显紫色。 【学生观点 6】阿司匹林本身含有羧基，有一定酸性，直接加热阿司匹林水溶液，促进水解，加入 Fe^{3+}，溶液可能也会显紫色。 【学生方案 1】老师，我们组加入稀硫酸让阿司匹林酯基水解，再加入 Fe^{3+}，没有看见紫色。 【学生观察显色原理，回答】溶液酸性太强，平衡逆向移动，看不到紫色。 【学生结合溶液酸碱性，回答】调整溶液酸碱性，将酸性减弱。 【学生联想常用碱中和酸，回答】$NaOH$。 【学生再次实验】 【学生方案 1】老师，我们依然没有看到紫色，看到了红褐色沉淀。	此环节是教师作为引导者和支持者帮助学生解决问题，完成任务，学生经历了阿司匹林药片有效成分中羧基和酯基的检验之后，科学、简便又现象明显地设计出检验方案对学生来说是重点，检验酯基实验失败后的原理分析是学生的障碍点，学生在设计方案及方案失败后的改进上，不断应用有机化合物结构与性质的关系，教师的追问和学生在教师追问下的回答有效提升了学生实验方案设计能力，帮助学生完善分析问题思路。

续表

教学环节	教师活动	学生活动	设计意图
环节一 阿司匹林药物中官能团的检验	【教师评价】正确。 【教师点评】很好。 【教师提问】思考过原因吗？ 【教师追问】那你们想如何改进呢？ 【教师总结问题解决的关键思路，概括学生对具体问题的分析角度】同学们检验羧基和酯基的时候，都设计了多种方案来检验，这些方案的核心思路，都是围绕结构和性质的关系来展开推理论证，特别是对于酯基的检验，在不断失败中，总结出酯基检验需要注意事项，如溶液酸性不能过强，不能用 NaOH 来调节酸性，直接加热阿司匹林水溶液要冷却至室温后才能加入 Fe³⁺，同学们的表现都很棒，在整个过程中表现出的科学探究的能力和精神都值得表扬。	【学生推理，回答】Fe(OH)₃，NaOH 与 Fe³⁺ 生成了沉淀。 【学生选用碱性较弱试剂，回答】我们打算用 Na₂CO₃ 试试。 【学生继续实验】 【学生方案1】老师，我们在滴加过程中看到了紫色，但随着 Na₂CO₃ 溶液继续加入，又看到了红褐色沉淀。 【学生联想水解性质，回答】CO₃²⁻ 与 Fe³⁺ 发生了彻底双水解。 【学生方案2】老师，我们听取了你跟方案1小组的交流，也看到了紫色。 【学生方案3】老师，我们小组也没有观察到紫色，也只看到了红褐色沉淀。 【学生结合前两组失败原因，回答】可能是 Fe³⁺ 造成的，温度高，Fe³⁺ 水解程度大。 【学生结合温度影响因素，回答】将阿司匹林水溶液加热后，冷却至常温再加 Fe³⁺。 【学生再次实验】 【学生方案3】老师，我们也观察到了紫色，证明阿司匹林药片有效成分中含有酯基。	
环节二 阿司匹林药片有效成分的测定	【教师讲解，提出驱动性问题】药片有效成分的定量检测是衡量药物性质的重要依据。根据阿司匹林分子结构，怎样设计实验定量检测药片中药物成分乙酰水杨酸的含量呢？ 【教师点评并提问】同学们说得很好，因为有定量反应，所以可以利用定量关系进行测定。那么问题来了，乙酰水杨酸与 NaOH 反应确定是1：1的定量关系吗？	【学生讨论并得出方案】乙酰水杨酸分子结构中存在羧基和酯基，羧基与强碱 NaOH 可以快速1：1发生中和反应，故可以用酸碱中和滴定法进行测定。 【学生观点1】在滴定过程中，乙酰水杨酸中的酯基可能发生水解，水解产物乙酸和酚羟基也能与 NaOH 反应，则定量关系不一定是1：1，定量关系不确定则不能用该法定量测定。 【学生观点2】既然乙酰水杨酸中的酯基可能发生水解，水解产物乙酸和酚羟基也能与 NaOH 反应，说明乙酰水杨酸与 NaOH 反应是按1：3的定量进行，依然可以用 NaOH 标准溶液滴定法进行定量测定啊。	

教学环节	教师活动	学生活动	设计意图
环节二 阿司匹林药片有效成分的测定	【教师点评并提问】同学们说得很好，因为有定量关系不确定，所以不能用NaOH标准溶液直接进行定量测定。那么有没有间接方法呢？ 【教师点评并提问】非常好，这种方法我们称为"返滴定法"。 查阅资料：返滴定法测定某阿司匹林样品的纯度步骤如下所示： 步骤1. 称取a g研细的阿司匹林药片于干燥的烧杯中，用移液管准确加入25.00 mL 1.000 mol/L NaOH（足量）标准溶液，加入少量水，水浴加热充分反应。 步骤2. 取上述反应后溶液于锥形瓶，加入2～3滴酚酞指示剂，用0.1000 mol/L标准盐酸溶液滴定至酚酞的粉红色刚刚消失为终点，消耗标准盐酸溶液 V mL。 【教师总结问题解决的关键思路，概括学生对具体问题的分析角度】同学们定量测定羧基时，酯基在该条件下水解造成干扰，打破了定量关系。通过思考、设计重新找到定量关系，来实现阿司匹林的定量测定。	【学生观点3】如果乙酰水杨酸中的酯基发生彻底水解，水解产物乙酸和酚羟基也与NaOH反应，乙酰水杨酸与NaOH反应才会按1∶3定量关系进行。但酯基水解反应较慢，而且该滴定实验在常温下进行，水解更慢，故1∶3定量关系达不到，应该是介于1∶1和1∶3之间，故不能直接进行定量测定。 【学生讨论得出观点】让乙酰水杨酸中的酯基在一定量且足量的NaOH溶液中测定水解，水解产物乙酸和水杨酸与NaOH充分反应后，用标准盐酸溶液测定剩余NaOH的量，从而推算出乙酰水杨酸的量。 【回答下列问题】 1. 在上述返滴定法中，加入氢氧化钠溶液和盐酸依次发生的反应方程式有： （1） （2） （3） 2. 该实验中乙酰水杨酸的纯度为：_____（写出计算式）	此环节是教师作为引导者和支持者帮助学生解决问题、完成任务，通过分析阿司匹林与氢氧化钠的定量关系及干扰的分析，最终得出用返滴定法来确立定量关系，实现了官能团之间相互影响前提下性质的利用，这是超越简单回忆事实性知识的过程，是较高认知水平层次上的心智活动或较高层次的认知能力的体现，也是高阶思维培养和应用的体现。
环节三 阿司匹林的合成	【教师讲解，提出驱动性问题】人们分析了阿司匹林的有效成分，工业上如何由自然界的原料或简单原料合成这种药物呢？ 【教师点评】很好，同学们考虑得非常全面，在浓硫酸催化或加热条件下与酚羟基发生酯化反应确实很困难，产率极低；我们一起来看看资料，详细了解乙酰水杨酸的合成方法是怎么样的。 资料表明：制备乙酰水杨酸一般以水杨酸（邻羟基苯甲酸）和乙酸酐($CH_3CO)_2O$为原料。 【教师提问】该过程的实验原理是什么，写出相应方程式 阿司匹林要由天然药物水杨酸制备，阿司匹林水解产生的水杨酸才具备药物疗效功能，为什么不直接用水杨酸做药物，猜测要将其制备成乙酰水杨酸的原因是什么？	小组讨论，回答问题 【学生观点1】阿司匹林的有效成分乙酰水杨酸中含有酯基，利用乙酸和水杨酸在浓硫酸催化/加热条件下发生酯化反应，可得到阿司匹林。 【学生观点2】浓硫酸催化/加热条件下发生酯化反应是羧酸和普通羟基醇的反应，这里水杨酸羟基是酚羟基，可能在此条件下不能反应。	

续表

教学环节	教师活动	学生活动	设计意图
环节三 阿司匹林 的合成	【教师讲解】水杨酸是一种脂溶性的有机酸，存在于自然界的柳树皮、白珠树叶及甜桦树中。阿司匹林要由天然药物水杨酸制备，阿司匹林水解产生的水杨酸才具备药物疗效功能，这也体现了在阿司匹林的酯基在人体内逐渐水解达到药物"缓释"的效果。	【思考回答问题】写出水杨酸（邻羟基苯甲酸）和乙酸酐（$CH_3CO)_2O$反应生成乙酰水杨酸的反应方程式。	将课堂所学，应用到生活生产中，学以致用。
板书设计	揭秘阿司匹林 1. 阿司匹林中的官能团检验。 2. 阿司匹林中的有效成分测定。 3. 阿司匹林的合成。		

六、教学反思

通过对"揭秘阿司匹林"这一项目，以真实问题创设学习情境，以项目承载课标要求的知识，通过教师的教学及学生的分析和动手实践，达到对羧基、酯基、酚羟基官能团知识的复习和综合应用，通过合作学习掌握了设计实验和完成实验的技能，也是敢于质疑和勇于创新的体现，并进一步领悟"运用化学知识创造更多物质财富和精神财富、满足人民日益增长的美好生活需要的重大贡献"。项目实践教学不再沿袭"教师示范—学生模仿"的惯用模式，也摒弃了"教师讲解—学生接受"的接受式学习模式，而是以"完成一项任务"的形式承载教学内容，使学生在完成项目的同时达到对相关知识的应用、体验任务完成的艰辛与乐趣，培养协作能力、解决问题的能力及实践能力，培养创新意识及自主学习的习惯，从而让学生以知识应用为主线、以教师为主导、以自己为主体、实现学习能力和素养的培养。

七、备课参考

情境素材：阿司匹林的定性定量分析。

图片素材：阿司匹林药物包装盒、阿司匹林结构简式图。

视频素材：阿司匹林水溶液与 $NaHCO_3$ 溶液反应视频。

素材分析：本节课以阿司匹林为载体，通过官能团的定性定量测定，帮助学生巩固羧基和酯基的性质，是一堂较好的高三有机化学复习课。

素养为本的主题式教学
——油脂的教学设计

重庆市第八中学校　傅晓健

一、内容解读

1. 新课标要求

新课程改革的重要任务之一是要改变教师单纯灌输知识、学生被动接受的落后教学方式，创建学生主动学习，全面发展的科学教学方式。《普通高中化学课程标准（2017版）》指出："学生的学习内容应当是现实的，有意义的，富有挑战性的。"学习内容来自学生生活，在其已有经验的基础上学习，可使其学习更有效。本节主要内容就是学生熟知的物质——油脂，但学生对它们的结构与化学性质及工业用途都不了解，因此教师创设理论结合实际应用的情境教学，有利于激发学习动机，从而变被动学习为主动学习。

引导学生主动建构知识框架是新课标的重要理念，而且新课标重视学生学习过程中的体验，本节课的教学过程就强调学生的参与性和实践性，让学生参与知识探索、发现与形成的全过程，并通过体验与感受，构建属于自己的认知体系，并使学生通过手脑并用的探究活动，学习科学知识和方法，增进对科学的理解，体验探究的乐趣。

2. 教材分析

油脂是人教版高中化学教材选修5第4章第1节的内容。选修5将油脂安排在烃的衍生物的学习之后，教材已对官能团性质作了详细的介绍。油脂相当于是学生在学习了酯类物质的结构和性质的基础上对有机物性质的应用。

糖类、油脂、蛋白质是人类重要的营养物质，也是重要的工业原料，因此本章知识与生产生活有密切联系，学生通过对本章的学习能够提高科学素质，丰富生活常识，有利于他们正确认识和处理有关饮食营养、卫生、健康等日常生活问题，让学生体验到这就是"身边的化学""生命的化学"。

二、学情分析

1. 已有基础

学生在必修2中已初步了解油脂，知道油脂的一些性质的简单应用，油脂在酸或碱催化下可以发生水解，以及油脂在碱性条件下发生水解反应，称为皂化反应，并用此法制取肥皂。在此之前学生已经学习了研究有机物的一般方法和步骤，具备从组成到结构再到性质的有机物研究方法，油脂结构中所包含的官能团酯基、碳碳双键，其特征性质学生都已经掌握，没有陌生的知识，所以本节课适合学生遵照有机物研究的一般方法来学习。

2. 潜在困难

学生虽然具备了一定的动手能力，但是在做实验过程中，由于综合能力不强，对意外事故的应变能力较弱，实验环节需要注意引导。在必修二中已经介绍过油脂，但还不足以从结构角度认识油脂的性质。

三、教学目标

（1）通过小组合作共同完成油脂皂化的实验过程，提升实验操作和规避风险的能力，认识油脂在生产生活中的用途，树立化学对社会发展做出巨大贡献的情感态度价值观。

（2）分析油脂使溴水褪色、使酸性高锰酸钾溶液褪色的实验事实，得出油脂分子碳链中含有不饱和键的结论，根据油脂皂化现象的原因推测，分析出油脂具有酯基官能团，并能预测油脂的化学性质、某些用途及使用注意事项。

（3）通过对常见市场食用油商标的解读，养成对化学有关的社会热点问题作出正确判断的思维，体会化学在生活中的重要作用，并学会以化学的眼光来看待物质，发展科学精神与社会责任。

四、教学思路

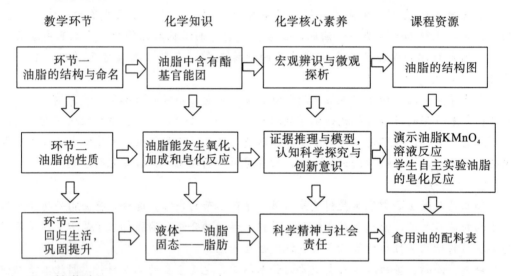

五、教学过程

教学环节	教师活动	学生活动	设计意图
新课导入	【引入】可口的饭菜离不开油脂，它是人体不可缺少的营养物质。我们在生活中见到过形形色色的油脂，通过以前的学习和生活常识，我们对油脂有了一定的了解。今天，我们进一步从分子组成的角度来学习油脂的结构和性质。 【PPT】展示各类油脂的图片， 【板书】油脂。	【观看】各种油脂，联系生活实际。	由日常生活中的油脂引入本课的教学内容，增强了化学与生活的联系，同时激发了学生的学习兴趣。
引导式教学：油脂的成分	【提问】1. 在以前的学习中，我们常错将"酯"写成"脂"，那么酯和油脂是什么关系呢？ 2. 怎样的酯能被称作油脂呢？ 【讲解】根据同学的回答，我们可以得出油脂的成分：高级脂肪酸的甘油酯，接下来我们学习如何判断其结构。 【副板书】油脂和酯类的集合关系。 【习题巩固】昨天我们的预习作业中有试题例1，判断哪些属于油脂？		

教学环节	教师活动	学生活动	设计意图
引导式教学：油脂的成分	【习题】下列物质属于油脂的是 （ ） ① $H_2C—O—CC_{15}H_{31}$　② $H_2C—O—CC_{17}H_{35}$　③ $H_2C—ONO_2$ 　HC—O—CC_{15}H_{31}　　　CH_2　　　　　HC—ONO_2 　H_2C—O—CC_{15}H_{31}　　H_2C—O—CC_{17}H_{35}　H_2C—ONO_2 A.①②　　B.④⑤　　C.①⑤　　D.①③ 【PPT 上同时展示】 请同学逐一分析，结合学生回答进行引导，得出答案：C 【PPT】展示出油脂的组成以及分子式 $$R_1—C—O—CH_2$$ $$R_2—C—O—CH$$ $$R_3—C—O—CH_2$$ 【讲解】观察油脂的分子式，这里的烃基（R 基）可能是饱和的，也可能是不饱和的；可能是相同的，也可能是不同的，根据烃基是否相同，可以将其分为单甘油酯和混甘油酯。 【结合油脂的分类提问】 1. 单甘油酯组成的油脂都是纯净物吗？ 2. 混甘油酯组成的油脂都是混合物吗？ 【补充强调】这里的单甘油酯和混甘油酯里面的"单""混"指的是酯里面烃基是否相同，为某一分子中的结构；而油脂的"纯净"和"混合"指的是组成油脂的分子是否相同。 天然油脂：混甘油酯组成的混合物。 【过渡】我们生活中的油，有固态的猪油、牛油，有液态的色拉油、菜籽油、花生油，它们均为油脂。 那么它们在分子组成上有什么不同呢？也就是油和脂肪在分子组成上有什么差异呢？ 【讲解】像硬脂酸这一类饱和脂肪酸形成的甘油酯多为固态，例如日常生活中的肥肉、脂肪；像油酸、亚油酸等含较多不饱和烃基的脂肪酸形成的甘油酯多为液态。 【板书】	【思考作答】 1. 油脂属于酯类。 2. 只有特殊的酯称作油脂，油脂是由甘油和高级脂肪酸酯化而成。 【结合油脂成分作答】①⑤为油脂；②中酯不是由甘油酯化来的；③中酯不是由高级脂肪酸酯化来的；④⑥都为烃类。 【认真聆听】 【回答】 1. 不一定，多种单甘油酯组成的物质可能是混合物。 2. 不一定，同种混甘油酯组成的物质可能是纯净物。 【联系生活，结合书本思考回答】液态油多为不饱和脂肪酸形成的酯；固态油多为饱和脂肪酸形成的酯。	以相似字创设问题，指明平常书写的错误点，同时引出"酯"和"脂"的关系，强化油脂的概念。 利用习题及时巩固油脂的概念和来源，强化学生对相关知识的记忆和理解，同时复习了以前有关润滑油、石蜡等知识。 通过分子式的进一步展示和对烃基的剖析，为油脂的分类做铺垫。 层层问题，激发学生的思考。引导式的教学模式，让学生从烃基的类型进行单、混油脂的分类。 通过生活中的液态油和固态油的存在，引出油脂还可以从烃基是否具备饱和性的角度进行分类。
习题归纳：油脂的书写和命名	【资料上的习题】 不饱和脂肪酸： $$CH_3(CH_2)_7CH=CH(CH_2)_7—C—O—H$$	【观察并思考】观察资料上的分子的结构简式，回顾原来有机物的系统命名法。	充分利用现有的资料，回顾酯类化合物的命名法则。

教学环节	教师活动	学生活动	设计意图
习题归纳油脂的书写和命名	油酸甘油酯： $CH_3(CH_2)_7CH=CH(CH_2)_7-\overset{\overset{O}{\|\|}}{C}-O-CH_2$ $CH_3(CH_2)_7CH=CH(CH_2)_7-\overset{\overset{O}{\|\|}}{C}-O-CH$ $CH_3(CH_2)_7CH=CH(CH_2)_7-\overset{\overset{O}{\|\|}}{C}-O-CH_2$ 【引导学生观察思考】 【提问】 1. 这一个不饱和脂肪酸分子中有多少个C？ 2. 不饱和键的位置？如果系统命名这个有机物，那么不饱和键如何体现？ 【强调】书写有机物时：指名官能团及其位置；酯类有机物命名时：先酸后醇结为酯，定位类型很关键，指明碳数和位次。 【资料卡片讲解】 亚油酸是人体内一种非常重要的有机酸，亚油酸的学名是顺式-9，12-十八（碳）二烯酸，请大家写出其结构简式。 （教师巡视看学生书写情况） 【投屏】大屏幕上展示学生的书写情况并进行点评。 【板书】油脂的分子式。 【问题】油脂式量比较大，那么它属于高分子化合物嘛？ （结合学生的回答逐步引导，高分子化合物有什么特点——无限多个重复的链节）	【回答】 1. 有18个C。 2. 9-十八（碳）烯酸甘油酯。 【思考】结合系统命名法的方式，思考并书写亚油酸的结构。 【可能的作答】 1. 高分子化合物式量高达上万。 2. 高分子化合物的式量是一个平均值，油脂有具体式量。 3. 高分子化合物是聚合而来的，而油脂是单个分子。	俗称和系统命名法的同步对应，总结出油脂书写和命名的规则。 书中资料卡片的拓展，了解油脂在生活中的必要性。 对易错知识点进行提问，强调高分子化合物的特征和相关知识。
新课讲授油脂的物理性质	【过渡】通过对这些脂肪酸的认识，由它们形成的高级脂肪酸甘油酯，我们也就有了进一步的了解，据此请大家预测油脂分别有什么样的性质？ 【引导】可以从官能团的角度来看，酯类物质的性质。 1. 酯类的密度和溶解性情况。 2. 油脂是高级酯类，高级酯对比低级酯会有什么差异？ 【补充】通常我们所知道的色拉油、花生油的气味是自然溶解了各类其他维生素、色素、香料等有机物。 3. 天然油脂通常是混合物，所以无固定熔、沸点。 【板书】结合同学的叙述板书。 物理性质： 1. $\rho_{油脂}<\rho_水$（酯类） 2. 不溶于水，易溶于有机溶剂（有机物） 3. 无气味（高级脂） 4. 无固定熔、沸点（混合物）	回忆酯类物质性质 【归纳总结】 物理性质： 1. 密度方面： $\rho_{油脂}<\rho_水$ 2. 溶解性：不溶于水，易溶于有机溶剂。 3. 无气味。 4. 无固定熔、沸点。	从官能团的角度认识油脂的物理性质，结合生活实际进行剖析。 由学生回答进行总结，提升学生分析和归纳问题的能力。

教学环节	教师活动	学生活动	设计意图
演示实验 油脂的 氧化和加成	【过渡】同样我们知道官能团也是决定物质的化学性质的，那么你们能否预测油脂会有哪些化学性质？ 【引导】结合油脂的分子式，其中有哪些官能团？这些官能团又会发生怎样的反应呢？有什么特征试剂可以证明？ 1. 酯基——水解。 2. 碳碳双键——加成反应、氧化反应。 【板书】结合学生回答板书： 化学性质： 1. 酯基——水解。 2. 碳碳双键 $\begin{cases}$加成：X_2、H_2\\氧化：O_2、$KMnO_4\end{cases}$ 【演示实验】 1. 酸性高锰酸钾氧化。 取适量植物油＋酸性高锰酸钾 (引导观察分层现象，上下层颜色) 振荡，充分反应。 (引导观察分层和颜色是否消失) 2. 溴水加成。 取适量植物油＋溴水。 (引导观察分层现象，上下层颜色) 振荡，充分反应。 (引导观察分层现象，上下层颜色) 【总结补充】 1. 实验中分层现象酯在上层也证实了酯的密度比水小。 2. 碳碳双键容易被氧化也告诉我们在日常生活中油脂长时间暴露空气中也容易被氧气氧化变质。	思考油脂中含有的官能团 【归纳总结】 1. 有酯基，可以发生水解反应。 2. 一些不饱和的酯，碳碳双键有加成反应。 【观察演示实验记录现象】 1. 实验一 观察到溶液分层，下层为紫色。 振荡后溶液分层消失，高锰酸钾紫色也消失。 2. 实验二 观察到溶液分层，下层为橙黄色的溴水。 振荡后溶液分层消失，溴水颜色也消失。	从分子式出发，提升学生对官能团的认识。在学生回答中进行归纳，及时了解学生的认识情况。 教师演示实验进一步加深对油脂中不饱和基团性质的认识，让学生深刻认识到"化学是一门以实验为基础的科学"。 实验中提示关注点，与油脂的性质相结合，即理论和实际相结合。 油脂的性质也提示着生活中对油脂保存的相关事项。
学生实验 油脂的 皂化反应	【过渡】酯类的水解可以在酸、碱、酶的条件下进行，我们日常说的燃烧脂肪也就是油脂在人体内酸性水解，并进一步氧化为人体供能的过程。 【PPT】展示油脂在人体中水解的场所和过程。 【学生实验】——油脂的碱性水解。 提示注意： 1. 小组内同学分工合作，注意安全。 2. 加热过程，搅拌均匀。 3. 注意观察实验现象：油状液滴变化？加入食盐析出情况？ 【教师巡视指导】 巡视过程中进行引导，对有误的操作及时指正，同时引导学生相互配合和观察。 【实验完毕】 对实验成功的小组的实验成果加以展示，分析实验中出现的问题。 【归纳讲解＋PPT】 反应实质——油脂的碱性水解。 皂化反应：工业上利用这个反应来制造肥皂，硬脂酸钠是肥皂的有效成分。 $\begin{array}{c}C_{17}H_{35}COOCH_2\\|\\C_{17}H_{35}COOCH\\|\\C_{17}H_{35}COOCH_2\end{array}$ ＋ 3NaOH $\xrightarrow{\triangle}$ 3$C_{17}H_{35}$COONa ＋ $\begin{array}{c}CH_2OH\\|\\CHOH\\|\\CH_2OH\end{array}$ 硬脂酸甘油脂　　　　　　硬脂酸钠（盐）甘油	【学生实验】——油脂的碱性水解。 结合老师所发的实验流程报告单，小组合作进行实验。 同时注意老师实验前提示的要点和注意事项。 有序地进行实验，观察实验现象：油状液滴逐渐消失；加入食盐之后固体析出。	实验前的注意事项强调确保了实验的安全和成功性。 让学生带着问题进行实验，提升学生思考和分析问题的能力。指导学生进行实验，确保实验操作的正确性。 学生通过实验提高自己的动手能力，培养学生的团队合作意识，体验工业制备肥皂的过程。 学生通过实验前后现象的对比，对反应原理的理解，达到理解油脂碱性水解的实质。认识了解工业制备肥皂的过程。

续表

教学环节	教师活动	学生活动	设计意图
回归生活 巩固提升	【PPT】展示食用油的标签上的相关内容。 【引导讲解】 1. 加工工艺与我们所学的哪些知识相符。 【讲解】压榨油 VS 浸出油 2. 配料：除了花生油之外还有一些物质可能是什么？此食品添加剂作用？ 讲解：由于植物油多为不饱和甘油酯含有双键，可能是一些抗氧化物质（双键 VS 酚类）。 3. 注意事项：低温条件下浑浊或者絮状是正常现象吗？ 讲解：当环境温度低至油的熔点及其以下，则油脂凝结，故出现浑浊或絮状现象。 【板书】 不饱和烃基多—液体—油脂 不饱和烃基少—固态—脂肪 【提升结尾】 化学是源于生活，同时也可以解释生活。根据今天所学，各种油脂都有特有的营养，最好的饮食就是各类营养成分均衡，合理搭配，生活更加健康！	【观察食用油的商标】 【思考】联系生活实际，结合老师的问题进行思考。 讲解中深入体会化学与生活的联系。 回顾整个课堂内容，对油脂对化学有了更深入的理解。	生活中的油脂标签的细节展示和剖析，与化学知识相结合，使学生深入理解"化学源于生活，同时解释生活"的理念。 对知识进行巩固提升，总结整个课堂内容，完备知识逻辑体系。

六、教学反思

（1）本节课的整体设计注重联系生活实际，如了解油脂在生活中的应用，对人体必需脂肪酸的了解，油脂在人体内发生的变化过程，油脂的皂化反应用于制备肥皂，等等。让学生对有机物在生活中的应用有更亲切的认识。

（2）对油酸具体结构9-十八碳烯酸有结构分析和解读，再让学生书写顺-9，12-十八碳烯酸（亚油酸）的结构简式，既能提升有机物命名及结构书写综合运用的能力，又能对实际生活中重要营养物质——人体必需脂肪酸有新的体会和认识，真正做到理论联系实际。让学生认识到化学来自生活，化学解释生活，化学为生活服务。尤其是在A班上课时，根据学生的错误（把顺式结构写成反式结构），老师顺便普及反式脂肪酸对人健康不利这一话题，让学生意识到这些知识点并不是为了考试，而是因为它们实实在在关系到我们的生活。在B班由于学生没有出现这种问题，因此教师也就没有相关常识介绍，当然这并不是必考知识介绍，但这也说明教师必须有更多的知识积淀和善于发现的眼光，及时捕捉学生的反馈，并进行点评和拓展。

（3）整堂课既要学生在课堂上完成肥皂制取的实验（约8～10分钟），又要兼顾整个知识体系的相对完整性，导致油脂化学性质学习的环节节奏较快，没有让学生在课堂上书写油脂水解的化学方程式，导致对油脂化学性质的认识不够深刻。

（4）本堂课最大的不足在于老师的课前准备。虽然提前给学生分发了实验步骤详细介绍，但学生并没有认真预习；课堂上老师对实验的指导不全面，没有对实验步骤进行解读，尤其是没有在实验中对可能出现的错误及安全隐患进行介绍，使分组实验比较随意；再加上学生的动手能力与应变能力确实不足，发生多起蒸发皿中反应物着火事件。而着火的原因是：三脚架较矮、酒精灯火焰有超过蒸发皿上沿的情况、蒸发皿中的药品酒精很容易发生燃烧，酒精燃烧又导致油脂燃烧。其实学生只需要把三脚架升高即可避免。而如果蒸发皿中反应物着火，也不必惊慌，只需要用桌上的湿抹布盖灭即可。所有这些虽然写在了实验步骤清单上，但因为少了老师的课堂指导，效果很不理想。这也说明在平时的教学中，需要在给学生足够引导和指导的基础上，多放手，为学生搭建发挥的平台，让学生的素养和能力得到提升。

通过本节课的教学，老师体会到：在课堂教学中不要认为自己讲的是最好的，要让学生充分发表他们的见解，鼓励学生要多动手参与实践过程，学生的能力才能得到提高；课堂教学中给予学生充分的肯定，恰当地用一些表扬和鼓励的语言，营造一种师生平等共同学习的气氛；同时多为学生创设一些条件，多为学生留出一些思维的空间和实践的机会，让学生的素养和能力真正得到提升。

如何在今后的教学中更加精益求精地提高教学质量，实现以素养为本的教学设计将是老师持之以恒的追求。

七、备课参考

情境素材：酸性高锰酸钾溶液和溴水与植物油的演示实验、油脂的皂化实验。

图片素材：各类油脂图片、食用油标签、习题图、油脂相关物质的分子式、资料卡片。

视频素材：压榨油和浸出油的提取原理差异、天然油脂中必须脂肪酸对人体的作用、反式脂肪酸对人体的害处。

素材分析：本节课的素材和教材与生活实际密切相关，教师为学生创设化学就在身边的学习场景，让学生从已有的知识出发，尽量结合生产生活实际，让学生体会到生活中处处有化学，掌握化学知识可以更好地为生活服务的理念。

鼓励学生主动参与实验探究活动中，并对学生的实验探究过程进行评价，增强了学生参与实验的积极性，与具体的化学实验探究活动相结合，而不是孤立地进行实验探究能力的评价，注意应用所学的有关化学知识，对学生在实验探究活动中的表现，不是仅从探究能力的一个角度去考察，而是从促进学生的科学素养的全面发展角度来进行评价。

以"学做创"驱动的合作式探究学习
——维生素 C

重庆市求精中学校　余　瑶

一、教学目标

1. 新课标要求

通过实例了解人体必需的维生素的主要来源及其摄入途径，从学生现有的经验和生活实际出发帮助学生认识化学与人类生活密切的联系，从生活走向化学，从化学走向生活。

2. 教材分析

本学习项目选自人教版高中化学选修 1《化学与生活》第一章"关注营养平衡"第四节"维生素与微量元素"。本章与第二章"促进身心健康"共同完成新课程标准规定的第一个主题——"化学与健康"的教学任务。

本节课主要通过"结构决定性质"的学习策略，介绍了维生素 C 的结构、性质、存在、对人体的作用和摄取的注意事项等知识，丰富了学生的生活常识，有利于帮助学生树立正确的健康观，认识化学在促进人类健康方面的重大作用。

二、学情分析

1. 已有基础

在知识方面，学生在上节课和初中生物中已经初步学习了维生素的相关知识，对其营养价值有了一定的了解，但是对维生素所涉及的化学结构及性质学生了解甚微。在能力方面，学生已有归纳、整理资料的能力，设计实验并通过实验现象探究实验结果的能力以及分析、归纳和解决问题的能力。

2. 潜在困难

从实验现象推理出实验原理和结论的过程，学生可能存在思维上的困难，并且对于学生来说理解维生素 C 的结构，仍存在很大的难度。

三、教学目标

1. 知识与技能

了解维生素 C 对人体的重大作用，了解维生素 C 的分子式、结构式，通过简单实验了解维生素 C 的一些性质特征；了解维生素 C 在维生素中的分类及营养作用，知道从哪些食物中可以摄入维生素 C，以及摄取维生素 C 的注意事项。

2. 过程与方法

通过资料收集，提高学生归纳整理资料的能力，提高学生设计实验并通过实验现象探究实验结果的能力，培养学生分析、归纳和解决问题的能力。

3. 情感态度与价值观

在了解维生素 C 的基础上，懂得营养物质的重要性，激发学生对生活中化学的探究热情，开拓学生的视野，培养学生合作交流的能力。

四、教学思路

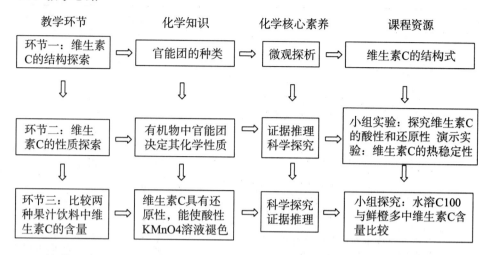

五、教学实录

教学环节	教师活动	学生活动	教学意图
环节一 维生素C 的 结 构 探索	【视频】维生素C被发现的故事。 【引入】 这段视频讲述了人类航海历史与维生素的故事，请问同学们，视频里提到的坏血病最后是被什么药物征服了呢？ 维生素C是一种人体必需的维生素，人体长期缺乏维生素C就会导致坏血病的发生，上一次课我们学习了维生素，请大家回忆一下。 【提问】征服坏血病的维生素C是脂溶性还是水溶性呢？ 【引入】维生素C无法在人体内合成，也无法在人体内储存，它是一种重要的水溶性维生素，我们一起来了解和研究它。 【课件】维生素C，又名：L－抗坏血酸，分子式：$C_6H_8O_6$ 【课件】结构式。 【提问】 组成维生素C的元素只有3种，但是维生素C的结构并不简单。其中有多种官能团，这当中大家比较熟悉的是哪种呢？ 【提问】哪一种官能团在结构中所占的比例更大？ 【提问】维生素C分子羟基的数目是4个，这能给大家什么启示？ 【点评】 在化学的理论中，常常提到"结构决定性质"，维生素C分子结构中亲水基占了较大比例，直接决定了维生素C的水溶性。	【学生回答】维生素C。 【学生回答】维生素的定义；维生素的分类；水溶性维生素的特点。脂溶性维生素的特点。 【学生回答】水溶性维生素。 学生观察维生素C结构式，回答问题。 【学生回答】羟基。 【学生回答】羟基的亲水性与维C的水溶性之间的关系。	由史载资料引入，激发学生的求知欲，让学生初步了解缺乏维生素C的危害及维生素C的重要性。 提高学生对已学知识的熟悉程度。 培养学生运用知识解决问题的能力。

教学环节	教师活动	学生活动	教学意图
环节二 维生素C 的性质探索	【引导】 维生素C除了水溶性以外，大家收集的资料中表明维生素C还有哪些性质呢？ 请大家在组内整理收集的资料，1分钟之后请各组汇报维生素C还有哪些化学性质。 【引导】 大家收集的资料来源广泛，途径众多，这些资料的内容是否准确，请同学们设计实验来逐一验证。 首先，我们来探讨维生素C是否具有酸性。 【课件】请各组设计实验方案，并完成你们自己设计的实验，探究维C的酸碱性。 【汇总】 各组汇总维生素C酸性探究性实验。 【课件】维生素C具有酸性 【讲述】 维生素C有酸性，味道也是酸的。接下来，请同学们设计实验验证你们提出的第二个性质，还原性。 【课件】探究维生素C的还原性 【讲述】 请各组讨论，设计出探究实验的方案。 【汇总】 各组汇总验证维生素C还原性的实验方案 【引导】 请各组选出一种作为自己的实验药品，开始探究维生素C是否具有还原性。 【汇总】 各组汇报维生素C还原性探究实验的现象和实验结果。 【提问】 $FeCl_3$溶液显黄色，黄色退去，证明Fe^{3+}反应了，能够证明Fe^{3+}发生的是氧化还原反应吗？ 【追问】 那么如何来探究Fe^{3+}发生了氧化还原反应呢？ 【再问】 大家有没有什么手段来实现这个过程呢？ 【课件】 知识卡片：$K_3Fe(CN)_6$（铁氰化钾）溶液呈黄色，遇Fe^{2+}生成深蓝色沉淀。 【讲述】 请大家跟着我，一起来验证维生素C是否有还原性。 【实验】 取一片维生素C补充剂在研钵中研碎，取少许粉末于试管中，加入3 mL蒸馏水使其溶解，配成水溶液。往试管中滴加少许$FeCl_3$溶液，滴入的$FeCl_3$溶液黄色立即退去，再继续滴加铁氰化钾溶液，产生蓝色沉淀。	【学生活动】 分组整理课前搜集的资料，组长汇报各组查阅的维生素C性质。 【维生素C的化学性质】 1. 酸性。 2. 还原性。 3. 不稳定性。 【学生活动】 分组讨论，设计实验方案探究维C是否有酸性，并完成所设计的实验，记录实验现象，得出实验结论。 【学生交流汇报】 【学生活动】 学生分组讨论、设计实验方案，并交流、讨论其可行性。 【学生交流汇报】 1. $KMnO_4$溶液。 2. 双氧水。 3. 碘水、淀粉溶液。 4. $FeCl_3$溶液。 【学生活动】 分组进行实验，验证维生素C的还原性，记录实验方案和现象，讨论实验结果。	培养学生收集资料、整理资料的能力，同时提高学生的语言表达能力和胆量。 培养学生运用知识解决问题的能力。 培养学生的观察能力、分析能力和语言表达能力。 通过实验验证学生的预测和构想，不仅让学生体验到成就感，而且对科学的认知过程有所体验。 培养学生运用知识解决问题的能力。 与同组同学协作讨论，分享思维中的火花，提高团队协作能力。 提高学生的语言表达能力和胆量。

教学环节	教师活动	学生活动	教学意图
环节二 维生素 C 的性质探索	【课件】 维生素 C 具有还原性。 【讲述】 维生素 C 有还原性，富含维生素 C 的食物放置在空气中，容易被氧气氧化，从而失去营养价值。那么，大家在生活中应该注意些什么呢？ 【课件】 生活小贴士： 水果蔬菜贮存越久，维生素 C 损失越多； 水果蔬菜切得越细，越容易损失维生素 C； 烧煮富含维生素 C 的食物时，尽量盖上锅盖，食物的汤水富含维生素 C。	【学生交流汇报】 【学生思考并作答】 【学生回答】 只要能证明 Fe^{3+} 变成了 Fe^{2+}，就能表明 Fe^{3+} 被还原了。	培养学生的观察能力、分析能力和语言表达能力。 通过实验验证学生的预测和猜想，不仅让学生体验到成就感，而且对科学的认知过程有所体验。
环节二 维生素 C 的性质探索	【讲述】 这些小贴士都是我们从维生素 C 的还原性出发，总结得到的。所以，学习化学，不仅仅是为了掌握一门自然科学，也是为了丰富我们生活的技巧。 【引入】 很多生活类的书籍都提到富含维生素 C 的食物在烹饪时，时间不宜过长，其原因是维生素 C 的热稳定性差，一旦温度过高，维生素 C 分子会立即分解，失去食物原有的营养。事实是这样吗？ 那么，我们就来探究维生素 C 的热稳定性。 【实验探究】 向已经在空气中加热了 20 分钟的维生素 C 溶液中滴入高锰酸钾溶液，立即观察溶液颜色变化。 【提问】 1. 观察到了什么现象？ 2. 这样的实验现象说明了什么？ 【实验探究】 继续滴加高锰酸钾溶液，观察溶液颜色变化。 【提问】 3. 观察到了什么现象？ 4. 这样的实验现象说明了什么？ 【提问】 维生素 C 溶液煮沸很久，仍然富含维生素 C，这说明什么？ 【课件】 资料卡片：天津大学研究表明：将维生素 C 水溶液置于 98℃密闭环境下加热 3 小时，有 4.7％的维生素 C 受热分解。 【课件】 烹饪富含维生素 C 的食物，时间不宜过长。 【讲述】 一方面是因为少部分的维生素 C 受热分解，另一方面是因为维生素 C 在烹饪过程中容易被氧化，失去营养价值。	【学生思考】 根据知识卡片，分析认为铁氰化钾能检验溶液中是否有亚铁离子。 【学生观察】 【学生讨论】 讨论实验结果，得出结论：维生素 C 有还原性。 【学生观察】 【学生思考并回答】 紫色溶液褪色 证明溶液中含有维生素 C。 【学生观察】 【学生思考并回答】 滴入的高锰酸钾溶液褪色 证明溶液中还有大量的维生素 C。 【学生思考并回答】 维生素 C 的热稳定性好	提高学生的辩证思考能力。 培养学生树立科学的实验观，设计实验需具备科学性与完整性。 增加学生生活常识，提高其对化学的热爱，提升其生活质量。 学生提高独立思考的能力，能客观冷静地思考，学以致用，进而培养自己解决实际问题的能力。

教学环节	教师活动	学生活动	教学意图
环节三 比较两种 果汁饮料 中维生素 C 的含量	【过渡】 刚才我们谈的都是怎样保留食物中的维生素 C，作为一种水溶性维生素，人体容易缺乏，如果在新鲜的蔬菜和水果中得不到应有的补给，那么还可以选择一些维生素 C 的补充剂，例如：各类维生素 C 片剂、维生素 C 饮料等，那么补充维生素 C 是不是越多越好呢？ 咱们中国有句老话，过犹不及。维生素并不是越多越好。 【课件】 世界卫生组织：健康人群每日应摄取维生素 C 45 mg，摄取的上限是 2000 mg。 世界卫生组织：尽量从蔬菜水果中摄取维生素 C。 【课件】 特别提示：维也纳大学医学化学研究所：滥用维生素 C 会削弱人体免疫力，可能会加快动脉硬化。 【讲述】 所以我们更要明确，我们的身体是否需要补充维生素 C，补充多少合适？ 【引入】 市面上维生素 C 的补充品琳琅满目，下面我们就来看两则广告。 【视频】 水溶 C100、鲜橙多广告两则。 【讲述】 这两种饮料是市面上知名度比较高的维生素 C 饮料。一种宣传能提供每日所需维生素 C，另一种宣传"多 C 多漂亮"。那么，它们真的如广告所说的那样富含维生素 C 吗？哪一种的维生素 C 含量更高呢？ 请同学们利用刚才所学的知识，自己设计实验方案，比较两种饮料中谁的维 C 含量更高。 【课件】 友情提示：请各组设计实验时，注意控制实验中的变量。 【汇总】 各组汇总设计的实验方案。 【课件】 结论："水溶 C100"中的维生素 C 含量更高。 【总结】维生素 C 是一种人体必需的维生素。通过今天的学习，我们了解了维生素 C 的性质及其对生命活动的意义，以及我们该如何补充维生素 C。化学来源于生活，我们学习化学也是为了回馈生活。我们要明白，健康的生活不单是要依靠各种营养要素，也需要体育锻炼和健康的生活习惯。希望今天的学习能给同学们以后的学习生活带来帮助，用科学的眼光思考问题，探究问题，创造一个更加美好的未来。	【学生观看】 【学生活动】 分组讨论，设计实验方案探究两种饮料中是否含有维生素 C，且哪种饮料中的维生素 C 含量更高，并完成所设计的实验，记录实验现象，得出实验结论。 【学生交流汇报】 用量筒将两种饮料各量取 3 mL 于试管中，向里面分别滴加高锰酸钾溶液，看哪种饮料消耗的高锰酸钾更多，哪种饮料中的维生素 C 含量就更高。 实验表明"水溶 C100"中维生素 C 含量更高。	让学生具有科学谨慎的心态来对待维生素的补充。 培养学生运用知识解决问题的能力。让学生体验到成就感，而且对科学的认知过程有所体验。 培养学生的观察能力、分析能力和语言表达能力。

六、教学反思

1. 本节课结合情境素材（维生素C的发现之旅）进行问题驱动式教学，一些问题或许可以让学生自己提出来，再自行解决，加强对学生问题的引导，体现学生主体，教师主导的课堂活动。

2. 可以在学生的讨论、展示环节对学生做出更多方法性的引导与评价，鉴于时间关系，这一部分将在课后完成。

七、备课参考

视频素材：维生素C被发现的故事、"水溶C100"和"鲜橙多"广告。

图片素材：$K_3Fe(CN)_6$（铁氰化钾）溶液颜色。

实验素材：探究维生素C的酸碱性、探究维生素C的还原性、探究维生素C的热稳定性、比较两种饮料中维生素C含量。

素材分析：通过观看维生素C被发现的故事的视频，由化学史引入，激发学生的求知欲，让学生初步了解缺乏维生素C的危害及维生素C的重要性。通过观看"水溶C100"和"鲜橙多"广告，增加生活常识，提高学生对化学的热爱。通过分析知识卡片，学生了解到铁氰化钾能检验溶液中是否有亚铁离子。通过探究维生素C的酸碱性、探究维生素C的还原性、探究维生素C的热稳定性和比较两种饮料中维生素C含量的实验，培养学生的观察能力、分析能力和语言表达能力。通过实验验证学生的预测和猜想，不仅让学生体验到成就感，而且对科学的认知过程有所体验，培养学生树立科学的实验观。

化学原理篇

以《固体溶解度》为例的项目式学习
——基于问题驱动的初三化学教学

重庆市求精中学校　夏忱忱

一、内容解读

1. 课标要求

以提高学生的科学素养为主旨，激发学生学习化学的兴趣，帮助学生了解科学探究的基本过程和方法，发展科学探究能力，获得进一步学习和发展所需的化学基础知识和基本技能；引导学生认识化学在促进社会发展和提高人类生活质量方面的重要作用，通过化学学习培养学生的合作精神和社会责任感，培养学生的民族自尊心、自信心和自豪感；引导学生学会学习，学会生存，能更好地适应现代生活。

2. 教材分析

澄清石灰水是初中化学非常常见的化学药品之一，也是九年级上册学生初学化学时首先了解到的化学药品之一。在实验的时候，通常使用的都是新配的澄清石灰水，为什么要新配而不能使用久置的澄清石灰水？为什么久置的澄清石灰水会变得浑浊？是物质发生了化学变化而变质，还是溶液中的溶质结晶析出了呢？这些都可以作为引导学生思考的问题。而这两个问题的答案正好对应着本节课的课程主题：固体溶解度。因此本节课以久置的澄清石灰水为何变浑浊为主线进行教学。

二、学情分析

1. 已有基础

学生在知识层面已学过了溶液的定义，对于一般物质溶解后形成溶液的现象比较熟悉；在实验探究层面，初三学生已具备一定生活经验，且具有强烈的探求新知的欲望，可以在老师的引导下进行实验探究，自主分析。

2. 潜在困难

虽然学生已比较熟练地从定性的角度去认识溶液的组成和基本特征，但是从定量的角度去认识物质的溶解性却很少思考，对生活中的现象虽熟悉却不一定会解释。容易忽略概念定义的条件，如忽略饱和溶液或不饱和溶液、固体溶解度等概念的定义条件。

三、教学目标

1. 根据溶解度表提供的数据绘制溶解度曲线，通过分析讨论溶解度表和溶解度曲线的含义，初步学会应用这两种数据处理方法。

2. 通过观察、分析溶解度曲线，解释一些简单的生活和实验现象，感受化学对改善生活和促进社会发展的积极作用。

3. 学习运用比较、分析、归纳等方法对实验所得的信息进行加工，理解固体溶解度的含义，知道固体溶解度的大小与溶解性的关系。

四、教学思路

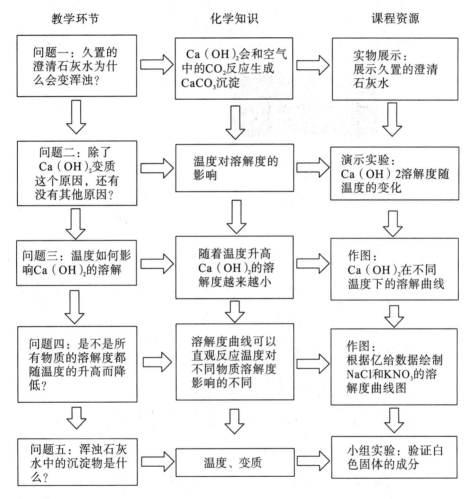

五、教学实录

教学环节	教师活动	学生活动	设计意图
课堂引入	【教师引入，提出问题】 同学们认识周星驰吗？有没有看过他的电影《九品芝麻官》？在《九品芝麻官》中有这么一个片段：常威污蔑戚秦氏将一斤砒霜混入糖水中毒杀亲夫一家。那作为主审官的周星驰会如何断案呢？我们一起来看。	【学生活动】 回忆并回答，观看电影片段。	以电影片段将学生注意力集中到课堂上，同时提高学习兴趣。

教学环节	教师活动	学生活动	设计意图
环节一 溶解度概念的建立	【教师提问】 用我们学过的知识不难发现，这个混合物其实是一个悬浊液。它有没有均一、稳定性？哪种混合物才具有均一、稳定性？那溶液会不会永远都是均一、稳定的呢？曾经我也是那么认为的，直到昨天我无意中发现我在寒假配制的一瓶澄清石灰水居然变浑浊了。为什么它会变浑浊呢？ 【教师解释以上问题】 这个反应的化学方程式我们已经非常熟悉了，从这个方程式中可以看到，$Ca(OH)_2$转变为了$CaCO_3$。因为这两种物质的溶解性不一样，$Ca(OH)_2$是微溶于水的、$CaCO_3$是难溶于水的，所以我们就观察到了溶液变浑浊。 【教师讲述，提出问题】不同物质的溶解性之间存在差异，这种现象在生活中常见，比如我们熟悉的NaCl和蔗糖都是易溶于水的物质，但它们的溶解性也有差异。我们如何通过实验来比较这两种物质的溶解度强弱呢？一起来看一下这两位同学的实验过程。 【教师提出驱动性问题】 这两位同学在实验过程中控制了哪些变量？ 【教师提出驱动性问题】 判断物质溶解性强弱的依据是什么？ 【教师提出概念】 不同的人在进行实验时对变量的控制可能不同，为了使"溶质的质量"具有广泛的可比性，我们规定溶剂的质量为100 g。而我们最常用的溶剂为水，即在100 g水中，溶解达到饱和状态时溶质的质量，我们就称为此物质在该温度下的溶解度。	【学生观点】 没有均一、稳定性。 溶液会与空气中CO_2反应而变质。 【学生活动】 思考老师提出的问题并倾听讲解。 【学生活动】 观看实验视频，带着问题思考如何实验。 【学生观点】 溶剂的质量、温度、溶液达到饱和状态。 【学生观点】 溶质的质量。 【学生活动】 理解溶解度的定义并补全学案上的定义。	从电影片段过渡到本节课的情景主线：寒假配制的澄清石灰水现在却变浑浊。引发学生的思考，并为后面的知识埋下伏笔。 对"变质"这个原因进行定性分析，帮助学生理解两种物质的转化源于溶解性不一样，更加紧扣溶解度的主题。 由"定性"向"定量"过渡，通过实验视频进一步点出固体溶解度这个主题。让学生体会在定量分析中控制变量法的使用以及明确需要控制的变量，此环节能通过实验进一步帮助学生掌握化学学习的方法。

教学环节	教师活动	学生活动	设计意图
环节二 溶解度的表示方法	【教师提出驱动性问题】现在让我们再注意这瓶变浑浊了的石灰水，同学们刚才猜测它是变质了，我们也从溶解性和溶解度两方面进行了定性和定量的探究，发现确实有可能是这个原因造成的。但是除了变质这个原因之外，还有没有别的可能性？ 【教师提问，展示实验】温度是否会影响 Ca（OH）₂ 的溶解度呢？我们一起来看一段实验视频。 【结论】温度确实会影响到物质的溶解度，而且随着温度升高 Ca（OH）₂ 的溶解度越来越？ 【教师提问】现在 PPT 上给出了 Ca（OH）₂ 在不同温度时的溶解度，请同学们在坐标轴中画出它的溶解度曲线。 【教师提问】是不是所有物质的溶解度都会随着温度的升高而减小呢，请同学们根据表格的数据在坐标轴中画出 NaCl 和 KNO₃ 的溶解度曲线。 【教师提问】NaCl 和 KNO₃ 的溶解度随着温度的升高，哪一个物质的溶解度受温度的影响更大？你是如何得出这结论的？ 【教师提问】30℃ 时 NaCl 的溶解度是多少？35℃ 时 KNO₃ 的溶解度是多少？你是如何得到这个结论的？ 【教师小结，表述观点】同学们你们现在觉得是表格更好，还是图像更好呢？（稍停顿）其实两者没有绝对的优劣，而应该根据我们的需要来选择表格或图像。比如说如果我们只需要大概判断某物质溶解度受温度的影响情况，则可以选择更直观的图像，如果需要计算称量，就应该选择更准确的表格。	【学生观点】温度。 【学生活动】观看实验视频。 【学生观点】越来越小。 【学生活动】作图。 【学生活动】作图。 【学生观点】随着温度的升高而增大，KNO₃ 的溶解度受温度的影响更大。 【学生观点】36.3 g、约 55 g。 【学生观点1】表格好。 【学生观点2】图像好。	回到情景主线，通过提问引发学生的思考，从控制变量的内容中引出温度这一因素对溶解度的影响。 通过实验，验证猜想。通过这个实验打破学生对温度越高，溶解度越大的观点，让学生更加全面的理解溶解度。 感受表格到图像的转换，提高化学知识的处理能力，同时在作图过程中得出答案。 通过两个问题，让学生在学会看表、看图的过程中，感受到表和图各自的优点。体验化学学习中的方法多样性。 由理论知识上升到哲学思想，培养学生的情感态度价值观。

教学环节	教师活动	学生活动	设计意图
环节三 实验探究石灰水的变质原因	【教师提问】 现在，我们就可以得出澄清石灰水之所以会变浑浊，可能是由两个原因造成的，一是与空气中的 CO_2 发生化学反应而变质，二是因为温度升高使 $Ca(OH)_2$ 的溶解度降低，因此从溶液中析出固体。 【教师提出驱动性问题】 到底是哪个原因使这瓶澄清石灰水变浑浊了呢？如果只由第一种原因造成，那白色沉淀是什么物质？如果只由第二种原因造成，那白色沉淀又是什么物质？那有没有可能两个原因同时存在，此时沉淀就是等外物质？ 【教师提出问题】 请同学们根据老师提供的仪器和药品，小组讨论出具体的实验方案。并请一位学生分享实验方案并分析。 【教师提问】请同学们根据实验方案进行实验验证，分享观察到的实验现象和得出的实验结论。 【教师小结】现在我们就已经通过理论分析和实验验证完美地解决了老师这瓶石灰水变浑浊的原因以及知道沉淀物是 $CaCO_3$ 和 $Ca(OH)_2$。	【学生活动】 跟着老师的思路，回顾并总结澄清石灰水变浑浊的原因。 【学生观点】 $CaCO_3$、$Ca(OH)_2$、$CaCO_3$ 和 $Ca(OH)_2$。 【学生讨论】 根据老师提出的问题，设计出相关的实验，小组间对实验进行讨论和改进。 【学生实验展示】 学生通过方案验证实验。 【学生观点】 $CaCO_3$ 和 $Ca(OH)_2$。	回归情境主线，总结问题的原因，培养学生归纳总结的能力。 通过连续的提问，引发学生的思考，锻炼学生分析和解决问题的能力。同时多个问题紧紧扣住主题，有利于结论的得出。 锻炼学生设计实验方案的能力，以及合作学习的能力。 锻炼学生动手实验的能力 培养学生"用实验验证理论猜想"的意识。
环节四 溶解度的应用、课堂收尾	【教师展示】 其实在很多地方都有溶解度的身影。比如说可以作为装饰品之一的天气瓶。 主要成分有蒸馏水、酒精、硝酸钾、氯化铵、樟脑等。 【教师提出驱动型问题】 请同学们观察天气瓶中的固体，预测明天的天气。 【教师小结，升华主题】 同学们预测出明天的天气有很多种可能，这恰好说明天气瓶的预测其实很不准确。但当时因为科学技术的落后和局限，人们只能使用比较原始的天气瓶来预测天气。随着科学技术的发展，现在的天气预报相比以前已经有了非常大的改进，但即便如此依然常常不准确。所以在科学的探索上，我们还有很长的路要走，期待同学们未来在这条路上可以走得更远。	【学生活动】 观察图片，运用所学的溶解度知识分析天气瓶的原理。 【学生观点】 随着温度的变化，樟脑在酒精中结晶析出，温度的变化速度，会影响结晶的成长大小和结构。	让学生们感受溶解度在日常生活中的应用 培养学生的责任意识、主人翁意识，增强他们的学习兴趣，以及培养"科学探究与创新意识"，体现了从生活走向化学，从化学走向社会的教学理念。

六、教学反思

本次教学以"周星驰"和《九品芝麻官》的片段作为引入能让学生瞬间进入课堂，以问题为主线、实验为辅助驱动学生理解"溶解度"的概念。由两名学生演示的"比较NaCl和蔗糖在水中的溶解能力"实验来引出溶解度的概念，再由教师"加热新制的澄清石灰水"、学生小组设计实验来探究解决"影响溶解的因素以及石灰水中的沉淀物是什么"两个问题。此过程能有助于培养证据推理与科学探究意识。最后以预测天气的"天气瓶"为例，联系固体溶解度解释它的原理，学生学以致用，感受到化学源于生活而用于生活，启发学生的科学态度与社会责任。

本节课对主线问题的分析推理和对实际问题的实验设计，显然在普通的固体溶解度授课中无法完成。同时因时间有限，本节课在部分知识上有所取舍。比如在溶解度曲线中，曲线上某一点表示的意义，曲线下方区域某一点表示的意义，如果要将该点移到曲线上重合，可采取什么方法等，这些知识均被舍弃，只有第二课时再进行补充。

总而言之，本次项目式的学习过程中教师和学生收获很大。通过实验验证得出结论的过程是充满趣味与成就的，推动学生与老师不断探究与发现。本节课在实现教学目标的同时落实三维目标，实现了以学生为中心的教学理念。

七、备课参考

视频素材：

图片素材：天气瓶、浑浊的石灰水。

实验素材：澄清石灰水变浑浊、加热澄清石灰水。

素材分析：通过观看《九品芝麻官》的电影情节，引出溶解性的知识点。再通过图片展示浑浊的石灰水的图片，探究两个问题，从而认识和应用溶解度。一是为什么澄清石灰水变浑浊？浑浊的石灰水中的沉淀物是什么？通过两组学生精心设计的实验，对比不同实验的现象，培养学生的证据推理意识，让学生根据实验事实得出结论，进一步培养了学生分析与解决问题的能力。通过实验证明"澄清石灰水变浑浊与温度和CO_2有关"以及实验证明"石灰水中的沉淀是$CaCO_3$和$Ca(OH)_2$"，引导学生从控制变量的角度去分析影响澄清石灰水变浑浊的因素，从而得出结论。最后通过天气瓶的例子，让学生进一步运用所学知识解决问题。知识的迁移，既能让学生体验到学习的成就感，还能增强对化学学习的兴趣。四个环节在紧扣"溶解度"的同时，提升学生综合分析问题和动手实践的能力。

以 Fe^{3+} 催化过氧化氢分解机理为例的项目式学习
——基于化学学科核心素养培养的实验探究

重庆市求精中学校　熊　伟

一、内容解读

1. 新课标要求

通过实验探究催化剂对化学反应速率的影响，认识其一般规律，形成基本的化学观念和科学探究能力，认识化学对人类生活和社会发展的重要作用及其相互影响，进一步提高学生的科学素养，掌握基本的化学实验技能和方法，进一步体验实验探究的基本过程。

2. 教材分析

本实验项目选自人教版（2019）高中化学教材选择性必修1"化学反应原理"，属于该书的重要组成部分，处于第一节"化学反应速率"，并且为后面学习"化学平衡"奠定了知识基础。初中教材已经初步提及"催化剂对化学反应速率的影响"，提到催化剂，学生只认识到催化剂在改变化学反应速率时不参加化学反应，定义催化剂是反应前后质量和体积不变的物质，但是高中阶段，教材对催化剂认知的要求逐步提升，要求认识并理解其催化机理。

二、学情分析

1. 已有基础

学生在初中化学中已经接触到了催化剂的概念——在化学反应里能改变反应物化学反应速率（一般是提高），且本身的质量和化学性质在化学反应前后都没有发生改变的物质。

2. 潜在困难

初中化学学习中催化剂的概念使学生产生了一个较大的误解，大多数学生认为催化剂在改变化学反应速率时是不参加化学反应的，学生更不可能知道有中间体的存在；此外，概念中也完全没有提及催化剂的工作原理，使学生对此概念感觉"神秘莫测"。在高中化学必修2模块中，【实验3-3】探究乙醇的催化氧化过程中使用了铜丝作为该实验的催化剂，实验中铜丝经历先变黑、后恢复红色的过程，实际上 CuO 便是该催化过程的中间体，但是基于该内容承载了有机物的性质，教师通常忽略了对其催化机理的分析。

在高中化学选择性必修1模块中，催化剂被再次重提，这一次则被表述为"降低反应的活化能"，对于相当一部分学生来说则更显得抽象难懂。教材中为解释催化剂参与过程中的能量变化，在原有曲线的下方绘制了一条光滑的曲线，回避了（不能反映）催化反应中（过程中）物质能量的真实变化情况，学生依然不能准确理解催化剂的工作原理。

三、教学目标

（1）通过实验认识催化剂能够加快化学反应速率。

（2）通过实验探究 Fe^{3+} 对过氧化氢分解催化的机理，测定不同催化剂下反应路径的改变是否对化学反应反应热造成改变，完善过氧化氢分解的能量变化图像。

（3）通过对实验仪器、实验试剂的改进，促使学生领会解决化学问题的方法。

（4）通过制作负载 Fe^{3+} 的硅胶颗粒并验证其催化效果，增强社会责任感。

四、教学思路

教学环节	化学知识	化学核心素养	课程资源
问题一：催化剂是否参与化学反应？	H_2O_2 在 MnO_2 或 Fe^{3+} 的催化下分解	证据推理科学探究	演示实验：H_2O_2 在 MnO_2 或 Fe^{3+} 作用下的分解
问题二：Fe^{3+} 的催化 H_2O_2 分解的中间体是什么？	1.氧化还原反应知识 2.Fe^{2+} 的检验方法	证据推理科学探究	演示实验：H_2O_2 在 MnO_2 或 Fe^{3+} 作用下的分解
问题三：如何检验分解过程中 H^+ 的变化？	数字化设备	证据推理	图片：H^+ 浓度变化图
问题四：催化剂在化学反应中的作用？	催化剂与化学反应的关系	科学态度社会责任	思维导图：催化剂在化学反应中的作用小结

五、教学实录

教学环节	教师活动	学生活动	设计意图
课堂引入	【回顾、整理】回顾初中化学对催化剂的定义；结合高中化学选择性必修 1 的有关内容——催化剂可以改变化学反应的路径，降低反应的活化能。 【设问】催化剂参加了化学反应吗？催化剂如何改变化学反应的路径？	【学生观点 1】催化剂在反应前后质量不变，因此不参与化学反应。 【学生观点 2】催化剂在反应前后质量和化学性质不变，物理性质有可能变化，所以催化剂有可能参与了化学反应。	通过讨论，引导学生关注催化剂在化学反应过程中的实际作用，为后续探究催化剂的作用机理埋下伏笔。
环节一 问题的提出 催化剂之惑	【教师展示，提出问题】展示质量分数为 30% 的过氧化氢溶液。 【布置任务 1】这张图片说明，常温下过氧化氢具备什么样的性质？过氧化氢在常温下的分解速率如何？ 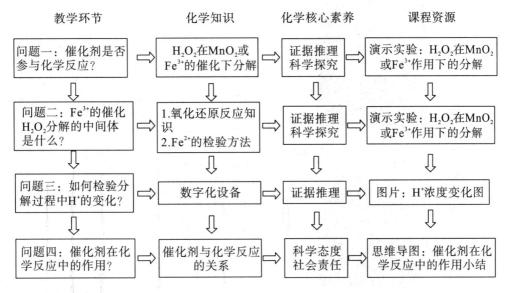 【教师展示，提出问题】取 20 mL 30% 的过氧化氢溶液，向其中加入少量 MnO_2 固体粉末。	【学生观点】过氧化氢在常温下较为稳定，常温下不易发生分解或分解速率较慢。 【学生观点】过氧化氢迅速分解，产生大量气泡，携带 MnO_2 固体粉末形成烟雾，表明 MnO_2 固体能高效催化过氧化氢的分解。	

续表

教学环节	教师活动	学生活动	设计意图
环节一 问题的 提出 催化剂 之惑	【布置任务2】这个实验说明什么？ 【教师展示，提出问题】 取 20mL 30％的过氧化氢溶液，向其中加入 10mL $FeCl_3$ 溶液。 【布置任务3】这个实验说明什么？ 	【学生观点】 现象：$FeCl_3$溶液的颜色由黄色立即转变为蓝紫色，溶液中生成气泡并逐渐加快，当不再生成气泡时溶液恢复黄色。 猜想一： 催化剂参与了化学反应，Fe^{3+} 可能被还原为了低价态的 Fe^{2+}，也可能被氧化成了高价态的未知离子。 猜想二： 过氧化氢的分解是分步骤进行的，催化剂通过参与反应而改变了反应的路径。	通过三组精心设计的连续实验，对比不同实验的现象，培养学生"证据推理"的学科核心素养，让学生认识到催化剂要参与化学反应，根据实验事实，认识催化剂参与反应可能会有中间产物存在。
环节二 追踪中 间体检 验 Fe^{2+}	【教师提出驱动性问题】 Fe^{3+} 催化过氧化氢分解过程中的中间体可能是什么？ 如何用实验证明 Fe^{3+} 催化过氧化氢分解过程中的中间体？	【学生讨论】 根据前面演示实验，中间体是 Fe^{3+} 被消耗之后的产物，可能是 Fe^{2+}，使用铁氰化钾溶液，可检验是否有 Fe^{2+}。 【学生讨论】 基于催化剂参与反应的特点，需要在反应前、反应中、反应后检验 Fe^{2+} 的存在。方案如下所示： 用烧杯取30mL 1mol/L的$FeCl_3$溶液；另取少量加入试管1，滴加铁氰化钾溶液 ↓ 向烧杯中加入5mL15%过氧化氢溶液 ↓ 待溶液变色，立即取少量加入试管2，滴加铁氰化钾溶液 ↓ 待溶液中不再有气泡，再取少量加入试管3，滴加铁氰化钾溶液	

教学环节	教师活动	学生活动	设计意图
环节二 追踪中间体检验 Fe^{2+}	【教师提出驱动性问题】 如何用实验证明有 Fe^{2+} 中间体产生? 【教师点评并提问】非常好,用3组对比实验可以得出结论。 【教师小结】 H^+ 是除了 Fe^{2+} 之外的另一个中间体,反应过程中 H^+ 的改变会影响溶液的 pH 大小;请设计实验来证明。	【学生分组实验】 【学生总结】 加入 Fe^{3+} 作为催化剂后,过氧化氢的分解是分两步进行的; 根据氧化还原反应的理论,用方程式表示第一步:$2Fe^{3+}+H_2O_2=2Fe^{2+}+O_2+2H^+$ 第二步:$2Fe^{2+}+H_2O_2+2H^+=2Fe^{3+}+2H_2O$	此环节是教师作为引导者和支持者帮助学生解决问题,完成任务。通过 Fe^{3+} 对过氧化氢分解过程的参与,引导学生从反应前、反应中、反应结束三个阶段去检验铁元素的价态,从而证明 Fe^{3+} 作为催化剂参与化学反应这一事实,并通过系列实验检验反应过程中间体。这并非是简单回忆事实性知识的过程,而是较高认知水平层次上的心智活动。体现较高层次的认知能力,以及高阶思维的培养和应用。
环节三 完善催化机理关注 pH 的变化	【教师提出驱动性问题】 在 Fe^{3+} 催化过氧化氢分解的过程中,除了中间产物 Fe^{2+} 的浓度会随反应进行发生变化外,H^+ 的浓度也会随反应进行发生变化。如何用实验证明这一事实呢? 【教师介绍实验方案】 用烧杯取30mL 1mol/L的 $FeCl_3$ 溶液; 将pH传感器置于溶液中,记录初始pH ↓ 分别向烧杯中加入3mL/5mL/7mL10%的过氧化氢溶液 ↓ 每间隔30s记录一次pH,直至pH不再改变 ↓ 数据处理的分析	【现象及结论】 观察曲线,总结 	

教学环节	教师活动	学生活动	设计意图
环节三 完善催化机理 关注 pH 的变化	【实验教学总结】 第一，催化剂参加反应。Fe^{3+} 作为催化剂，既是反应物，也是生成物；Fe^{2+} 和 H^+ 是中间体。 第二，反应机理。 第一步： $2Fe^{3+} + H_2O_2 = 2Fe^{2+} + O_2\uparrow + 2H^+$ 第二步： $2Fe^{2+} + H_2O_2 + 2H^+ = 2Fe^{3+} + 2H_2O$ 总反应： $2H_2O_2 \xrightarrow{Fe^{3+}} 2H_2O + O_2\uparrow$ 第三，不同催化剂（Fe^{3+} 和 MnO_2）决定了不同的反应路径，其催化效率也不同。	结论 1： 三组实验中溶液的 pH 数值均先减小，后增大，最终恢复到初始数值。表明 H^+ 是反应的中间体。 催化剂在化学变化中的作用 — 1.催化剂参加反应（催化剂既是反应物也是生成物）；2.反应机理（一般为多步反应）；3.不同催化剂（不同催化剂决定了不同的反应路径，则其催化效率也不同） 结论 2： 加入的过氧化氢的体积越大，则反应速率会加快，pH 下降也越多。表明过氧化氢越多，则反应生成的 H^+ 浓度更大。	利用数字化设备，结合学生已有知识，进一步探究 Fe^{3+} 催化过氧化氢分解历程，提升学生综合分析问题能力、动手实践能力。

六、教学反思

本教学过程能够较好地证明催化剂能够通过参加化学反应改变原化学反应的路径，且通过向中间反应液中滴加铁氰化钾证明反应过程中 Fe^{3+} 转变成了 Fe^{2+}，且在反应结束后恢复为 Fe^{3+}，即说明该分解过程包含两个步骤（第一步：$2Fe^{3+} + H_2O_2 = 2Fe^{2+} + O_2 + 2H^+$；第二步：$2Fe^{2+} + H_2O_2 + 2H^+ = 2Fe^{3+} + 2H_2O$）；进而教师引导学生关注反应过程中溶液 pH 的变化，用 pH 传感器来检测 pH 数值的变化，从而完善了催化机理。

实验过程中仍有一些突出的困难，比如"环节一"中必须等待过氧化氢充分分解之后 Fe^{3+} 才能恢复，配制氯化铁溶液时若加酸过多则不利于过氧化氢的催化分解；学生对于 pH 传感器的了解非常有限，在实验操作和数据记录过程中经过了多次失败才取得成功。此外，作为一次项目式学习的实验教学，本节课要求学生具备较高的化学学科素养，学生才能充分调动已有的化学知识对实验现象、实验数据进行有效分析，并制定合理的方案。

总的来说，在本次项目式学习的过程中教师和学生都有很大的收获。对于事物真相的好奇心驱使师生们不断的探索和尝试，实验的失败也不断促使学生改进自己的方案，最终获得了丰硕的成果。基本实现以知识应用为主线、以教师为主导、学生为主体、实现学生学习能力和素养的培养。

七、备课参考

图片素材：质量分数为 30% 的过氧化氢溶液。

实验素材：过氧化氢溶液和少量 MnO_2 固体粉末、过氧化氢溶液和 $FeCl_3$ 溶液。

素材分析：通过展示过氧化氢溶液的图片，了解其相关性质，再通过三组精心设计的连续实验，对比不同实验的现象，培养学生"证据推理"的学科核心素养，让学生认识到催化剂要参与化学反应。根据实验事实认识到，催化剂参与反应可能会有中间产物的存在。通过实验证明"有 Fe^{2+} 中间体产生"，帮助学生解决问题、完成任务，通过 Fe^{3+} 对过氧化氢分解过程的参与，引导学生从反应前、反应中、反应结束三个阶段去检验铁元素的价态，从而证明 Fe^{3+} 作为催化剂参与化学反应过程这一事实，并通过系列实验检验反应过程中间体。这并非简单回忆事实性知识的过程，而是较高认知水平层次上的心智活动。它体现了较高层次的认知能力，以及高阶思维的培养和应用。通过实验证明"H^+ 是除了 Fe^{2+} 之外的另一个中间体，反应过程中 H^+ 的改变会影响溶液的pH 大小"，利用数字化设备，结合学生已有知识，进一步探究 Fe^{3+} 催化过氧化氢分解历程，提升学生综合分析问题能力、动手实践能力。

探索提升原电池性能课堂设计

重庆市求精中学校　杨明华

一、内容解读

1. 新课标要求

原电池属于电化学类知识内容，新课标要求学生在学习时，应了解原电池的工作原理，能正确书写原电池的正、负极电极反应方程式及电池反应方程式。本节课将从原电池性能的提升这个角度出发来深入了解原电池的应用。因此，能帮助学生加深对原电池概念的理解。

2. 教材分析

原电池是中学化学电化学基础知识，也是学生了解化学原理应用于生活实际的重要切入点之一。在前期的学习中，学生已初步掌握将化学能转化为电能的途径，并有了原电池、正极、负极、电解质溶液的相关概念。通过本节对原电池的性能提升进行探究，可以深化学生对原电池的认识，进一步掌握原电池的工作原理，学会针对简单原电池的缺点提出改进方法。

二、学情分析

1. 已有基础

从知识层面来看，学生已经初步掌握将化学能转化为电能的途径，并有了原电池、正极、负极、电解质溶液的相关概念。从能力层面来看，学生已经具备了一定的分析问题、解决问题的能力，但对于原电池原理的应用不太熟练，观察、分析、实验、推理、归纳等能力还有待提高。

2. 潜在困难

学生在实验环节可能会存在观察不仔细、理解不深入等问题。

三、教学目标

1. 知识与技能目标

（1）复习原电池和电解池的工作原理。

（2）掌握构成原电池的条件，会进行简单的原电池设计。

（3）通过实验与分析，了解简单原电池的缺点和改进方法。

（4）知道原电池输出电能的能力与氧化还原反应、装置设计的合理性及电极所处的环境等有关。

2. 过程与方法目标

（1）通过实验探究原电池装置的构成要素。

（2）经过对简单原电池装置的优化改良过程，了解科学探究的步骤，学习科学探究的基本方法，提高科学探究的能力，进一步理解科学探究的意义。

（3）通过探究与活动培养学生的观察能力、分析思维能力和小组合作的能力。

（4）使学生在探究与活动中，学会运用观察、分析、实验、推理、归纳等多种手段获取信息，并运用比较等方法对信息进行加工。

3. 情感态度与价值观目标

（1）在小组合作实验、学习、讨论过程中，体验并享受合作探究带来的快乐，感受化学世界的奇妙。

（2）增强联系实际学习化学并将化学知识应用于生活的意识。

（3）树立绿色化学理念，培养环保意识。

四、教学思路

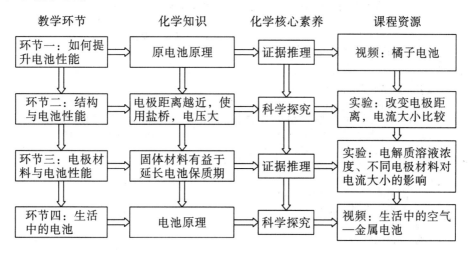

五、教学过程

教学环节	教师活动	学生活动	设计意图
引入	陈述： 同学们，自从伏特发明电池以后，电子技术的发展日新月异。（播放电子产品 PPT 图片），各种移动电子设备，都有一个重要的部件那就是——电池！但是，经常却是这样……（播放"没电了"PPT），这儿却有一位别出心裁的同学。	倾听，集体响应	通过引入各种移动电子设备，吸引学生兴趣，激发学生思考。
	大家请看视频：（播放视频）看完视频之后，请说说你的看法！ 【设问】那么我们有没有办法提升原电池的性能呢？ 【讲述】我们今天就来展开一次"探索之旅"。 探索的方向：更高的电压，更强的电流 探索的目标：点亮一只小灯泡 这是中国的南孚电池，它能做到！你们有信心做到吗？	表达与交流	
抢答	【设问】 1. 原电池的反应本质是什么？ 2. 原电池的装置要素有哪些？	回答问题	

教学环节	教师活动	学生活动	设计意图
引入	【引导】 同学们，任何装置，都是依据……采用特定的材料与合理的结构来构成一个整体。 对于原电池（播放思维导图） 那么，在这些因素中，哪些是我们可以改变的呢？ 下面，开始分析。 这所有的问题，都是我们今天要探索的内容。	【集体回答】电极的距离、电极的种类、电池的结构、电解质溶液的浓度、电极的表面积、催化剂。	
实验1	【引导】接下来，准备试验。 陈述：请根据实验要求，设计实验方案，动手之前，请先听我简单介绍今天要使用的仪器——"原电池实验板"，打开电源开关…… 现在看老师演示，我需要两名观察员…… 请，两位讨论整理实验报告，稍后向全班宣布！	稀硫酸，缩短电极片的距离……	
	好！汇报非常详尽，大家是否同意他们的结论？ 嗯，看来，我们已经有了一些重要经验（播放经验PPT） OK！请看第二个实验！	汇报实验情况。	
实验2、3	【引导】接下来让我们将目光转移到材料上来，如： 对于实验2，我们参照实验1…… 再看实验3……	动手实验。	
	要求全班倾听同学汇报	汇报实验情况。	
	不错，总结非常精辟，大家是否同意他们的结论？ 嗯，看来，我们又有了重要经验（播放经验PPT）	同意。	
思考1、2、3	请大家按照丹尼尔电池的原理设计一个"盐桥原电池"。 我们可以利用"盐桥板"：这个盐桥板有左右两个电极槽，中间用隔栏中填充了一种特殊的物质——土豆泥和NaCl，相当于盐桥，大家考虑好之后可以开始操作。	动手试验。	
	太好了，原来如此，又是一点收获（播放经验PPT） 不过我还有一个问题（播放"思考3"PPT） 【陈述】"丹尼尔"盐桥电池发明之后，人们一边改进盐桥的制作工艺，一边寻找更易于隔离的电极反应物。干电池便应运而生。	盐桥可以导电并隔离正负极的反应物，从而延长电池的保质期。 盐桥比较脆弱。容易损坏。	

教学环节	教师活动	学生活动	设计意图
实作1	【陈述】酸性干电池便是其中一种。它制作简单，价格低廉，性能实用！ 今天，咱们就来制作一只"精简版"的"酸性干电池"？ 我们可以使用"粉末电极盒" 【设问】 1. 我们使用什么做正极材料呢？ 2. 能不能直接用 MnO_2？那采用什么材料？ 【陈述】那么为了便于对比我们 A 组就用铜片，B 组就用碳片，请大家动手实验……我请一组同学上台展示。 【追问】MnO_2 能否直接与锌片接触？那么如何处理呢？电解质溶液又该如何投放呢？ 哇！好强的电流，灯泡终于亮起来啦！（鼓掌）	石墨片和锌片。 MnO_2 不能直接作为电极材料，因为它不方便连接导线。 MnO_2 应和正极片接触。 用铜片或碳片做正极材料。 "MnO_2 和滤纸夹在中间"。 浸湿滤纸和 MnO_2。	
	快，请说说你们的感想！ 太好了，易于隔离的电极反应物加上简化的盐桥，终于让我们成功了！ 我们又有了新的经验。（播放经验PPT）	固体电极反应物，更易实现隔离，滤纸做盐桥很方便。	
	【引导】同学们，你们知道吗？刚才你们制作的正是1887年……今天你们也成了发明家，我希望：以后会有更多更伟大的发明从你们手中诞生！ 总结：干电池发明以后人们继续改进盐桥的制作工艺。如我国的南孚电池，它就采用了专用的碱性电池隔膜。		

续表

教学环节	教师活动	学生活动	设计意图
实作2	在"干电池"的启发下人们陆续发现了多种优秀的固体正极反应物。 播放"常见固体电极反应物电池"PPT页 它们都是一些氧化性较强，性能稳定的好材料。 【引导】其实自然界最丰富、最廉价的氧化剂到底是什么呢？ 【设问】那自然界有没有氧气参与的原电池反应呢？ 【陈述】比如钢铁的……哪种腐蚀？ 但是，普通金属在空气中的腐蚀速度很慢，电流很小，并不实用，你们觉得造成电流很小的主要原因是什么呢？ 对，很长一段时间，人们没能有效解决"金属—空气"电池的性能问题，直到活性炭，特别是纳米活性炭被应用到电池的制作当中。 大家知道活性炭的特点吗？	学生抢答： 空气中的 O_2。 金属的吸氧腐蚀。 O_2 浓度不高，与电极的接触面积不够大。 有极大的表面积，很强的吸附性。	
	对！就是这一点！由于时间的限制我们今天可能没有机会，让大家亲手制作一只空气电池了，我们今天也做了不少实验，正好可以轻松一下，看看我和我的儿子制作的"锌—空气电池"（播放儿子实验视频）	观看演示实验。	
	我儿子表现如何？其实空气电池并不神秘。但他却是当前电池家族中的明星。我国的大型电动机车就采用了这种"锌—空气电池"。 我们生活中常用的锂离子电池也采用了较大的电极片，以及乙炔黑活性炭（也就是一种纳米材料）。	太棒了！	
经验总结	【设问】好了，同学们，通过今天的学习和实验，你们有哪些收获呢？都说说看！ 播放 PPT 总结页面 【陈述】同学们，有了这些经验，大家有没有信心在未来的工作和研究中继续提升电池的性能？ 【点评】很好！很好！…… 【总结】 我亲爱的同学们： 我们今天虽然只点亮了一只小灯泡，但它就像大海里的灯塔，能够指引我们在科学探索的道路上，走向正确的方向！	学生集体回答。	
机动处理	那么大家确信自己能把握住正确的方向吗？我要考考大家哦！ 我这里有一种材料，纯铝，你们觉得如果用它来做电极反应材料吗？性能会怎么样呢？ 【陈述】在科学探索的道路上，需要善于总结经验，但是，表面的"经验"并不一定可靠，能让人信服的只有实验再加理性的总结。	好（不能）。 不一定（不适合）。	

教学环节	教师活动	学生活动	设计意图
理念升华	【陈述】同学们，这是一个电池产业方兴未艾的时代，移动电子设备的普及，带动了电池产业的发展，我国的新能源战略，更加给电池技术的研究注入强劲的动力！"更高电压，更强电流"就是研究电池的技术理念！ 然而，除了技术性能，我们更应该关注电池产品的综合性能。	倾听。	
	【引导】请看如下数据 相对于我国飞速发展的电池生产规模，我们的废旧电池回收意识和服务却严重不足，大量废旧电池被随意丢弃。 【陈述】任意丢弃的电池就像…… 一粒电池就能让一平方米的土地…… 如果我们还不赶紧行动起来，这些废旧电池的污染物，早晚会进入我们的饭碗，进入我们的茶杯，进入我们的血液，进入我们的骨髓…… 那么，以后我们面对废旧电池该怎么办？ 对！立刻行动起来！树立环保意识！回收废旧电池！创造环保电池！	集体回答：回收。	
理念升华	【陈述】可喜的是，既性能强劲，又环保的电池，已经来到我们身边！它就是氢氧燃料电池！ （播放燃料电池 PPT 页面） 它既是先进技术的结晶，也是环保理念的体现。		
	最后： 请大家一定记住：有环保才有技术的生命，有环保才有我们的生命！ 更希望大家做到：技能手中握，环保心中留。	鼓掌。	

六、教学反思

本节课通过丰富的实验环节、生动的知识图解，能很大程度上帮助学生深度理解原电池的工作原理，从而提高学生的原电池设计能力和知识应用能力。但是在本节课教学过程中，因为知识和实验的层层递进和叠加，可能会有基础知识薄弱的学生在一开始没有进入状态后，后续就完全无法进入课堂的情况。此时应加强教师的引导作用，及时帮助知识薄弱的学生补足短板，及时调动学生学习积极性，促使学生快速进入学习状态。同时本节课十分重视原电池在现实生活中的应用，并通过原电池的应用，激发了学生的环保意识。但在对氢氧环保电池的展示时，需要结合原理讲解一块进行，这样才能进一步从本质上帮助学生理解为何氢氧燃料电池为环保电池。

七、备课参考

情境素材：移动电子设备。

图片素材：我国电池生产规模、盐桥原电池、常见固体电极反应物电池、氢氧燃料电池。

视频素材：橘子电池。

　　素材分析：通过对移动电子设备的展示，吸引学生兴趣，切入本节课主题，激发学生思考。再通过对盐桥原电池、常见固体电极反应物电池、氢氧燃料电池的展示和分析解释，层层深入对原电池工作原理进行深化理解，强化化学来源于生活、在生活中扮演重要角色的观念，增强联系实际学习化学的意识，同时帮助学生树立绿色化学理念，培养环保意识。

基于核心素养发展的情境教学实践
——简单的电镀实验教学设计

重庆市第八中学校　王　野

一、内容解读

1. 教材分析

本节内容是中学化学基本理论的重要组成部分，也是电化学的基础知识。本节内容教材的设置符合学生认知发展规律，使学生更易接受。此外，本教材是化学理论知识联系实际的典型例子，例如，电解饱和食盐水、铝的冶炼、电镀等，这些知识在工农业生产、生活实际和科学研究上都有重要用途。学好本节内容，对学生分析问题能力、解决问题能力的提升有很大帮助。

二、学情分析

1. 已有基础

从知识层面来看，学生初步了解电解池的反应原理，但学生对电镀具体应用的了解不够深入，如装饰、防腐、提升性能、特殊性质等方面。从能力层面来看，学生已经具备一定的实验设计与分析能力，但对于真实情境下实验设计、分析、评价能力还有待提升。

2. 潜在困难

在探究实验时学生考虑问题的深度还不够，角度还不全，归纳概括能力、演绎推理能力、建立思维模型（即一般思路）的能力还有待提高。对电镀的具体应用，比如电镀时两极材料的选择和改变、电镀液的优化、溶液 pH 的调控等的理解和掌握存在一定困难。

三、教学目标

（1）能依据电解原理预测并写出对应的电解方程式，并可以利用教师提供的试剂、仪器设计相关实验。

（2）可以从实验现象推理出电镀过程，由点及面的学习，学会从化学视角发现问题，解决问题，培养科学探究素养。

（3）通过课题生成和探究过程，培养将化学知识应用于生产、生活实践的意识，发展科学态度与社会责任素养。

四、教学思路

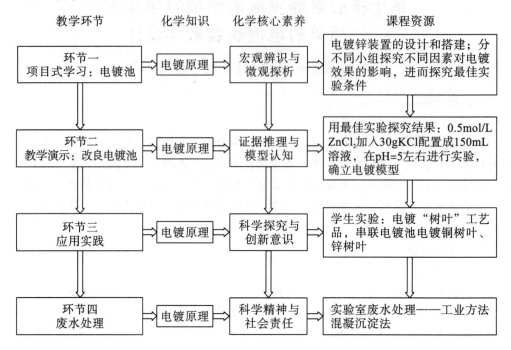

五、教学过程

教学环节	教师活动	学生活动	设计意图
课堂引入	【布置任务1】复习思考电镀池的原理和电镀装置，例如，应该具备怎样的两极材料、电解质溶液以及还需要哪些试剂和仪器？ 【布置任务2】搭建电镀锌的实验装置并完成铜上镀锌的实验，再进行现象的汇报和总结。	【学生观点】 电镀池的原理，需要两个电极和一个电源，镀层金属做阳极，镀件做阴极，含镀层金属阳离子的溶液做电解质溶液。 【学生实验】 搭建实验装置并完成实验，大部分同学连接出简单装置进行实验后，发现实验效果并不好，具体发现了以下问题。 【学生观点1】汇报现象。 实验现象不明显，阳极没有看见明显的电极材料减少，阴极镀层不是光亮的金属锌，反而有点发黑。 【学生观点2】汇报现象。 电镀液的成分和含量不同时，电镀效果不同。实验表明，当两个电极没有平行放置时，靠近阳极的阴极片一端出现镀层过厚的"长毛"现象。	通过讨论，让学生依据电解原理预测并写出对应的电解方程式，完成实验装置的搭建，从实验现象分析产生的原因，为电镀的项目式学习找到方向。

教学环节	教师活动	学生活动	设计意图
课堂引入	【教师总结并提出解决方案】很好，同学们考虑很全面，实验过程很规范，但是为什么还会出现这样或者那样的问题呢？事实上若仅仅用含锌离子的溶液做电解质溶液，往往难以得到较好的镀层，因此我们需要对电镀液的组分进行改良。	【学生观点3】尝试加入盐酸后阴极片上产生气泡，阴极有明显的镀层，但是镀层不均匀，有的地方厚，有的地方薄，甚至会脱落。 	学生在项目式学习过程中，通过主动探究，发现问题、解决问题，培养了科学探究核心素养。
环节一 项目式学习： 电镀池	【教师讲解，提出驱动性问题】根据刚才的实验操作和现象，同学们大胆分析和猜想，认为还有哪些因素是可以影响电镀效果的呢？ 【教师肯定学生的思路，并提出新的问题】（1）工业生产中如何使锌层光亮平整？（2）在实验过程中，锌电极看不到明显的溶解现象，如何证明电极是否参加了反应？ 【教师分析论证学生的思路，并提供资料】 	润湿剂	增加金属和溶液间的界面张力。
整平剂	改变金属表面的微观平整性。
应力消除剂	降低镀层的内应力，提高镀层的韧性。
光亮剂	增加镀层的光亮度，省去抛光的工序。 | 【教师概括】很好，同学们考虑很全面，比如针对上述第3个问题，电极的间距可以影响镀层厚度，针对上述第4个问题，溶液的酸碱度可以影响镀层现象。可以分成三个小组，每个小组选择一个因素加以探究，然后把结果汇报给大家，看哪个小组可以高效地完成任务。 【教师总结】同学们的实验都很规范并且取得了良好的效果。综上所述，电镀液的组分、浓度、酸碱度、两电极间间距、温度、是否搅拌等因素均会影响镀层效果。 	学生独立思考，4人小组展开讨论，填写学案，之后进行小组汇报和交流。 【学生观点1】溶液的浓度、温度等因素会影响镀层效果。 【学生观点2】我们小组讨论，觉得酸碱度以及两电极的间距等因素会影响镀层效果。 【学生查阅资料】 | 主盐	提供电沉积金属的离子，它以络合离子或水化离子形式存在
缓冲剂	扩大允许使用的电流密度范围
添加剂	用来调节和控制溶液酸碱度的物质
导电盐	润湿剂 / 整平剂 / 应力消除剂 / 光亮剂	 【学生实验1】探究"电镀液的组成" 实验操作：尝试在电镀液中分三次加入氯化钾改变组成，每次10g。 实验现象：随着氯化钾的加入，镀层稍显光亮。 在 ZnCl₂ 溶液中加入 KCl 固体后，主要发生的离子反应：Zn²⁺ ＋2Cl⁻ ＋ H₂O ＝ ［ZnCl₂(OH)₂］²⁻ ＋2H⁺，该平衡实际上可以看作是锌离子水解并形成配合物的过程。使得 Zn²⁺ 浓度降低，可以得到质量更好的镀层。 实验图片：加入前和加入后的对比照片。 【学生实验2】探究"氯化锌的浓度"的影响 实验操作：分别选择 1 mol/L ZnCl₂ 溶液 0.5 mol/L ZnCl₂ 溶液 0.1 mol/L ZnCl₂ 溶液进行电镀。 实验现象：控制其他量不变的情况下浓度越大电镀速率越高，但 1 mol/L ZnCl₂ 溶液镀层颗粒较粗，质量不高，综上所述，0.5 mol/L ZnCl₂ 溶液效果更好； 实验解释：其他条件不变的情况下，浓度增大，阴极极化下降，镀层结晶会变粗。	此环节是教师作为引导者和支持者帮助学生解决问题、完成任务，学生经历了电镀池的原理、电镀装置、两极材料、电解质溶液、试剂和仪器等的复习思考后，进行实验操作，发现问题，再阅读资料。教师的追问和学生在教师追问下的回答有效地提升了学生实验方案的设计能力，帮助学生建立更加完善的分析问题思路。

续表

教学环节	教师活动	学生活动	设计意图
环节一 项目式学习：电镀池	【教师总结】以满分100计，对所做实验结果按照现象进行打分。 | 因素	加入KCl质量（g）	氯化锌浓度（mol/L）	溶液酸碱度pH	评分 | |---|---|---|---|---| | 1 | 10 | 0.5 | 7 | 40 | | 2 | 20 | 0.5 | 7 | 70 | | 3 | 30 | 0.5 | 7 | 80 | | 4 | 10 | 1 | 5 | 20 | | 5 | 10 | 0.5 | 5 | 50 | | 6 | 10 | 0.1 | 5 | 30 | | 7 | 30 | 0.5 | 2 | 70 | | 8 | 30 | 0.5 | 5 | 90 | | 9 | 30 | 0.5 | 9 | 30 | 以上实验说明利用正交设计助手求得最合适的条件是：0.5 mol/L $ZnCl_2$，加入30g KCl配置成150 mL溶液，在pH为5左右进行实验。	实验图片：1 mol/L、0.5 mol/L、0.1 mol/L $ZnCl_2$溶液做电镀液时的镀层效果。 【学生实验3】探究"溶液的酸碱度"的影响 实验操作：使用浓度为0.5 mol/L $ZnCl_2$溶液电镀，加入盐酸调节溶液酸碱度，分别控制pH为2、5、9时进行实验。 实验现象：pH＝2时，阴极产生气泡；pH＝5时，镀层现象良好；pH＝9时，溶液显碱性，产生较多$Zn(OH)_2$沉淀，干扰镀层现象。 实验图片：pH≈2、5、9时阴极现象。 实验结论：经该组同学再次细化，又经多次实验得出结论：pH介于5～6之间的镀层效果最好。	所用的实验试剂简单易得，并且改良后的实验效果非常明显。
环节二 教学演示：改良电镀池	【教师讲解，并完成演示实验】教师进行改良演示教学实验，选用最佳条件，由教师操作演示。 1. 优化电镀液的配方：先向烧杯中加入15 g $ZnCl_2$，50 g KCl，7.5 g硼酸，搅拌使之溶解，调节溶液的pH为5～6，再加入蒸馏水配制成250 mL溶液。 2. 互换电极的电镀操作：赫尔槽中加入电镀液，用锌片作阳极，石墨板做阴极，用3伏直流电源电镀5分钟，观察现象。接下来调换镀上锌层的石墨板做阳极，铜片做阴极，电镀至锌层溶解。	学生仔细观察实验，汇报现象，得到结论。 【学生汇报实验现象1】石墨镀上明显一层银白色的锌。 【学生汇报实验现象2】石墨阳极板上锌层迅速溶解，阴极铜板上镀上一层光亮的锌。 【学生汇报实验现象3】石墨镀锌效果良好，在调换电极后是可以明显看到做阳极的石墨上锌层逐渐溶解。	实验解释：在第一次实验中，肉眼难以明显观察到锌板被溶解的过程，因此设计了简单易行的转换电极实验，学生看到第二次实验的阳极刚刚镀上的一层锌再次溶解，露出了底部的石墨板。实验效果更明显，直观地反应出当用活性电极发生电解时，活性电极本身会被腐蚀，失去电子。

教学环节	教师活动	学生活动	设计意图
环节三 应 用 实 践：电镀 树叶，永 久保存	【教师讲解，提出驱动性问题】教师提出是否可以利用电镀原理把自己喜欢的工艺品重新装饰呢？请同学们开动脑筋想一想。受此启发，我们决定尝试用树叶做电镀工艺品。	小组讨论，回答问题 【学生观点1】受此启发，同学们决定尝试用树叶做电镀工艺品。 【学生观点2】首先就是要解决树叶不导电问题。 【同学们思考讨论集思广益进行实验1】多次尝试后，同学们选择喷涂石墨导电漆的方式使其形成一层导电"衬衣"。 【学生实验2】将两个电解池串联，尝试分别在树叶上镀铜和镀锌。 	从课堂到装饰品，学生们集思广益，仅仅在树叶的导电问题上就提出了多种解决方案，既发散了学生的思维，同时也激发了学生的探究热情。 将课堂所学应用到生活生产中，学以致用。
环节四 废水处理	【教师讲解，提出驱动性问题】工业中的废水可否直接排放？电镀的废水如何处理才能达到排放标准呢？	【学生观点1】氯化铁、氯化铝的工业混凝法 向废水中滴加几滴饱和的氯化铁、氯化铝溶液，再加入氢氧化钙固体，使之形成氢氧化物的絮凝体，并将絮凝体过滤，将所得的澄清溶液集中处理。 过滤沉淀 	培养了学生严谨求实的科学态度，在处理废水的环节中养成了学生保护环境的可持续发展意识。

教学环节	教师活动	学生活动	设计意图
板书设计	1. 电镀池基本原理和实验在操作。 2. 电镀池的改良和演示。 3. 环境保护和废水处理。	揭秘简单的电镀实验。	

六、教学反思

1. 基本原理的创新

教材中的实验方法：以硫酸铜溶液做电镀液，待镀铁制品做阴极，铜片做阳极。该实验不仅难以看到均一光滑的电镀层，学生也会有疑问：铁在常温下即可从硫酸铜溶液中置换出铜，不一定是电镀的作用，因此"铁制品镀铜"难以使学生信服。在实际操作中，为了增强说服力，我将实验改为在铜板上电镀锌。在生产实际中，电镀锌也有着广泛的应用，其优势总结如下：电镀层抗腐蚀性好，结合细致均匀，具有装饰性，延展性好，不易掉落。因此结合生产实际，设计装置图如下图所示。

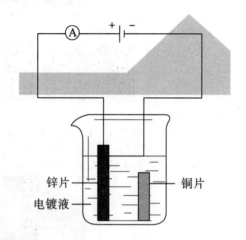

2. "特殊"的电镀装置

利用赫尔槽进行实验演示；赫尔槽是 1939 年英国人 R. O. Hull 发明的一种小型电镀试验槽，可以在短时间内获得镀层外观合格的电流密度及其他工艺条件，如温度、pH 值等。用于研究电镀溶液中主要组分和添加剂的相互影响，帮助分析电镀液产生故障的原因。

赫尔槽在电镀实验研究和现场生产质量控制方面得到了广泛的应用。

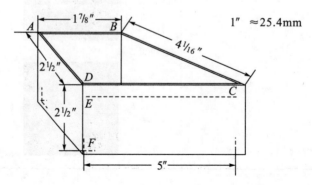

3. 创意实验

在树叶上进行电镀，激发学生探索热情。

在整节课的设计当中学生沉浸于项目式学习过程中，培养了科学探究核心素养。在学生实验过程中都是学生在实际情境中运用化学知识解决实际问题的过程，让学习和能力培养在这一项目达成过程中真正体现。通过合作学习，学生掌握了设计实验和完成实验的技能，敢于质疑和勇于创新。该项目真正达到知识应用为主线，教师为主导，学生为主体，实现学生学习能力和素养的培养。所用仪器试剂简单易得，改良实验效果明显。从课堂到装饰品，激发学生探究热情，培养了学生严谨求实的科学态度，养成保护环境的可持续发展意识。

七、备课参考

情境素材：电镀树叶做装饰品；废水的处理。

图片素材：实验现象打分表；铜板上电镀锌设计装置图；赫尔槽。

实验素材：搭建电镀锌的实验装置并完成铜上镀锌的实验；"电镀液的组成"实验；"溶液的酸碱度"的影响实验；优化电镀液、互换电极的电镀操作实验；在树叶上镀铜和镀锌实验；废水处理实验。

素材分析：通过复习思考电镀池的原理和电镀装置，例如：应该具备怎样的两极材料、电解质溶液，以及还需要哪些试剂和仪器，搭建电镀锌的实验装置并完成铜上镀锌的实验，再进行现象的汇报和总结来引入课堂，引起学生对旧知识的回忆，并通过讨论，让学生依据电解原理预测并写出对应的电解方程式，完成实验装置的搭建，从实验现象分析产生的原因，为电镀的项目式学习找到方向。在后续实验中，通过对电镀液的组分进行改良，影响电镀效果的探究等实验，使学生在项目式学习过程中，锻炼主动探究，发现问题、解决问题的能力，培养了科学探究核心素养。

基于实验探究与证据推理的数字化实验教学设计
——以"浓度对弱电解质电离平衡的影响"为例

重庆市求精中学校　熊　伟

一、内容解读

1. 新课标要求

《普通高中化学课程标准（2017 版）》明确指出："通过对电离平衡、水解平衡、沉淀溶解平衡等存在的证明及平衡移动的分析，形成并发展学生的微粒观、平衡观和守恒观；关注水溶液体系的特点，结合实验现象、数据等证据素材，引导学生形成认识水溶液中离子反应与平衡的基本思路。"

2. 教材分析

人教版（2019）化学教材中，通过对比等浓度等体积盐酸和醋酸溶液的 pH 以及与等量镁条反应的现象，证明醋酸并未完全电离，其中存在着电离平衡，但是并未设计影响电离平衡因素的相关实验。虽然，学生可以快速准确地通过勒夏特列原理对电离平衡作出判断，但是对于加水稀释这一条件，也就是浓度对电离平衡的影响，学生往往容易感到疑惑。以醋酸为例，学生认为在加水稀释的过程中，醋酸分子的浓度在减小，而醋酸根离子和氢离子的浓度也相应地在减小。因为肉眼对微观电离平衡移动的不可见性，老师常通过说明醋酸根离子和氢离子结合成分子的可能性，或者是比较浓度 Q 和电离平衡常数 K_a 之间的大小关系纠正这一错误认识。但是理论相对抽象，缺乏宏观事实和实验证据使得学生对得出的结论存有疑虑。因此，这是一个教学难点。如果能设计实验证明浓度对电离平衡的影响，将有效突破这个教学难点，同时实验的过程也能充分启发学生的科学思维，培养学生科学探究的精神和能力，发展学生的核心素养。这是本教学设计中实验的创新和价值所在。

二、学情分析

1. 已有基础

学生已经在化学必修 2 教材中学习了电解质与非电解质以及强电解质与弱电解质的相关概念。知道强电解质在水中完全电离，弱电解质在水中部分电离。学生已经认识到酸性强弱、$c(H^+)$ 与 pH 之间的关系，已具备使用勒夏特列原理对陌生平衡体系进行分析的基本能力。

2. 潜在困难

学生对弱电解质部分电离的原因不是十分明确，对弱电解质电离程度的认识并不深刻，分析反应物生成物浓度均减小的体系时还存在困难。

三、教学目标

（1）通过观察盐酸和醋酸稀释过程中的实验现象，分析 CH_3COOH、CH_3COO^-、H^+ 这些微粒数量的变化，引导学生形成认识水溶液中离子反应与平衡的基本思路，培养学生"宏观辨识与微观探析"的核心素养。

（2）通过探究浓度对电离平衡的影响过程，认识平衡是动态的，受外界条件影响时会移动，培养学生"变化观念与平衡思想"的核心素养。

（3）通过对实验原理的理解和认识，实验结论的推理过程，帮助学生形成求真务实的科学态度，发展学生"证据推理与模型认识"的核心素养。

（4）通过探究浓度对电离平衡的影响过程，提高学生发现问题，分析问题，运用实验探究问题的能力，培养学生"科学探究与创新意识"的核心素养。

四、教学思路

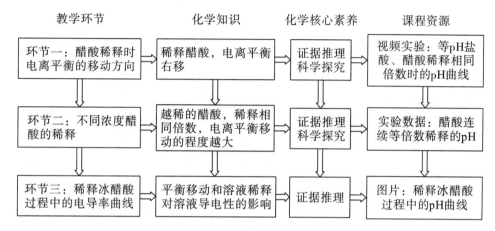

五、教学过程

教学环节	教师活动	学生活动	设计意图
课堂引入	【引入】前面我们已经学习过醋酸溶液中存在电离平衡，知道外界条件改变可以影响平衡移动。那么对于醋酸的电离平衡 $CH_3COOH \rightleftharpoons CH_3COO^- + H^+$，如果我们加水稀释，降低醋酸的浓度，平衡会如何移动呢？ 【教师总结】加水稀释时，醋酸电离平衡的移动有两种可能。	【学生观点1】醋酸分子的浓度在减小，平衡可能向结合成分子的方向移动。 【学生观点2】醋酸根离子和氢离子浓度也在减小，平衡可能向电离的方向移动。	通过讨论，让学生意识到稀释过程中，反应物和生成物的浓度都在减小，无法用勒夏特列原理直接判断出电离平衡的移动方向，为实验探究埋下伏笔。
环节一 稀释醋酸时电离平衡的移动方向	【教师讲解】弱酸醋酸存在电离平衡，强酸盐酸不存在电离平衡，两者在加水稀释时，pH 的变化是否相同？ 【教师提问】那如何用实验证明在稀释相同倍数的情况下，盐酸和醋酸 pH 的变化情况？ 【教师提问】用什么指示剂？甲基橙、酚酞还是石蕊？ 【教师提问】盐酸和醋酸的初始 pH 为多少比较合适？	学生独立思考，4人小组展开讨论，填写学案，之后进行小组汇报和交流。 【学生预测】盐酸为强酸，稀释10倍后，pH增大1；醋酸是弱酸，稀释10倍后，pH增大不等于1。若稀释时电离平衡右移，补充一些氢离子，则pH增大的数值小于1，若稀释时电离平衡左移，减少一些氢离子，则pH增大的数值大于1。 【学生设计实验】我们小组讨论，觉得可以直接用酸碱指示剂的变色来判断pH的变化。 【学生回答】由于稀释前后溶液都为酸性，所以应选择酸性条件下变色的指示剂甲基橙。 【学生】沉默！	

教学环节	教师活动	学生活动	设计意图
环节一 稀释醋酸时电离平衡的移动方向	【教师展示】等 pH 盐酸和醋酸稀释时的 pH 变化曲线。 	【学生回答】起始 pH 均为 2.2 时,稀释 10 倍,盐酸 pH 为 3.2,甲基橙会变色,醋酸 pH 约为 2.6,甲基橙不变色。所以两种酸的起始 pH 约在 2.5 为宜。 【学生实验】学生选取 pH 约为 2.5 的盐酸和醋酸,分别滴入适当的甲基橙,稀释 10 倍,观察稀释前后溶液的颜色变化。 【实验现象分析】滴有甲基橙的盐酸稀释 10 倍后,溶液颜色由红色变为橙色,滴有甲基橙的醋酸稀释 10 倍后,溶液依然为红色。稀释相同倍数,盐酸增大的 pH 更大,证明醋酸稀释过程中存在电离平衡的移动,且加水稀释,电离平衡正向移动。 【得出结论】醋酸加水稀释,电离平衡正向移动。	通过"理论预测—设计实验—观察现象—得出结论"来验证醋酸电离平衡的存在,验证加水稀释时,醋酸电离平衡右移,帮助学生建立科学探究的一般思路。 此环节教师作为引导者和支持者帮助学生解决问题,以溶液稀释前后 pH 的变化为出发点,提供数字化实验数据,为学生设计实验提供支持,学生自行完成"理论预测—设计实验—观察现象—得出结论"科学探究的一般思路的建立。
环节二 不同浓度醋酸的稀释	【教师讲解,提出驱动性问题】现在已经知道,醋酸稀释过程中电离平衡正向移动,那不同浓度的醋酸稀释时,电离平衡的正向移动有什么区别吗? 【教师展示】醋酸连续等倍数稀释 pH 表。 | 溶液	pH	ΔpH
---	---	---
10 mL 醋酸	1.74	
加 10 mL 水	2.01	0.27
加 20 mL 水	2.21	0.20
加 40 mL 水	2.40	0.19
加 80 mL 水	2.57	0.17 | 【教师追问】稀释过程中,醋酸的 pH 逐渐增大,说明稀释时,醋酸的电离平衡在正向移动,每次稀释的 ΔpH 越来越小,又说明了什么? 【教师点评】对,不同浓度的醋酸,稀释相同倍数,电离平衡右移的程度不同,刚才这个表格的数据说明,越稀的醋酸,稀释相同倍数,电离平衡右移程度越大,即"越稀越电离"。	【学生回答】在等倍数稀释过程中,醋酸的 pH 逐渐增大,每次稀释的 ΔpH 越来越小。 【学生观点】每次稀释的 ΔpH 越来越小,说明越稀的醋酸,稀释相同倍数时,电离平衡所提供的氢离子越多。	

教学环节	教师活动	学生活动	设计意图
环节三 冰醋酸稀释过程的电导率曲线	【教师讲解，提出驱动性问题】已知冰醋酸稀释时的电导率变化曲线如下，请用所学知识进行解释。 【教师提问】如果以曲线最高点为界限，曲线的前半段和后半段应如何解释？ 【教师点评】的确如此，电导率的变化受个别因素影响，且影响效果相反。所以，我们在解释曲线变化时，一定要考虑哪个是主要因素，哪个是次要因素。	小组讨论，回答问题。 【学生观点 1】冰醋酸加水稀释过程中，电离平衡不断右移，溶液中离子浓度不断增大，导致电导率升高。 【学生观点 2】加水稀释时，随着电离平衡右移，溶液的总体积不断增大，溶液中的导电粒子不断被稀释，浓度减小，导致电导率下降。 【学生观点 3】电导率的变化，受两个因素的影响：电离平衡的右移和溶液体积增大。 【学生观点】前半段曲线上升，影响电导率的主要因素是电离平衡右移；曲线后半段下降，影响电导率的主要因素是溶液体积增大。	将课堂所学应用到实际问题解决中，达到学以致用的目的。
板书设计	浓度对弱电解质电离平衡的影响 1. 醋酸稀释时电离平衡的移动方向 2. 不同浓度醋酸的稀释 3. 冰醋酸稀释的电导率曲线		

六、教学反思

本节课利用简单试剂和数字化实验突破教学难点，让学生通过实验现象和数据，深刻了解了浓度对电离平衡的影响。教学中充分体现证据推理的过程，训练了学生的科学思维和推理能力，是一堂较为成功的理论课。

本节课的亮点如下：

1. 教学导向需从三维目标转向核心素养

新课程理念着力于培养学生品格和能力素养。基于核心素养的教学要求教师把握知识的深度与广度，挖掘课本中的育人潜能，从促进学生全面发展的角度来建构教学，从教书转向育人。

2. 关注学生活动组织，提高课堂有效性

大多数的教学都只停留在知识目标的达成，而过程与方法、情感态度与价值观维度的目标只是浮于表面，这就要求教师们改变学生被动接受知识的课堂现状，转向关注学生各方面学习能力的达成度上。学生参与各项化学活动，才能收获结构化的知识技能，提高学习能力、提升化学学科思维、体会各种科学精神。

3. 创设有效课堂情境，发展学生素养

学生素养的发展需要创设合理的教学情境。一要紧扣课堂教学内容，重视知识的应用，促进学生对知识的理解；二要关注学生现有的认知结构，符合学生的认知实际，新旧知识之间既有一定的联系，又具有一定的挑战性，能引发学生思考，自主构建知识体系；三要尽可能直观、真实，贴近现实生活，使学生有一定的共鸣，进而结合已有经验去分析问题、解决问题；四要具有趣味性，激发学生学习热情，有效突破重难点。

七、备课参考

情境素材：盐酸和冰醋酸稀释时 pH 的变化。

图片素材：冰醋酸稀释电导率变化图、盐酸和醋酸稀释时 pH 的变化曲线图。

素材分析：选取以上素材，学生能更直观地观察到盐酸和醋酸稀释时的变化，利用宏观事实和实验数据，促进学生学科核心素养的培养。同时实验的过程也能充分启发学生的科学思维，培养学生科学探究的精神和能力。

基于证据推理与模型认知的教学设计
——以"离子反应"为例

重庆市求精中学校　陈　鑫　袁　汀

一、内容解读

1. 新课标要求

能利用电离、离子反应、氧化还原反应等概念对常见的反应进行分类和分析说明。能用电离方程式表示某些酸、碱、盐的电离。能列举、描述、辨识典型物质重要的物质和化学性质及实验现象。能用化学方程式、离子方程式正确表示典型物质的主要化学性质。

2. 教材分析

高中化学人教版教材必修一第二章第二节"离子反应"。

本节的主要内容包括：①酸、碱、盐在水溶液中的电离；②离子反应及其发生的条件。

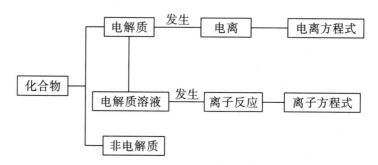

离子反应是高中化学的重要教学内容，是人们研究和认识物质性质的一个重要途径，第一次实现将学生认识物质的视角从宏观转为微观，对于学生今后从微观层面深入理解化学化学反应的机理具有十分重要的意义。已有的教学设计中教学思路还是倾向于将本节课按两课时处理，第一课时着重介绍电解质与非电解质的概念，以及酸、碱、盐的电离条件和电离方程式的书写，使学生能从电离角度了解酸、碱、盐的本质。第二课时主要研究离子反应及其发生条件，正确而又熟练地书写离子方程式是学生必须掌握的一项基本技能。

二、学情分析

1. 已有基础

初中已经进行过导电实验，在此基础上简单复习引出电解质概念并不困难。本节之前学生已学习物质的分类，了解了化学反应常用的分类方法，在大脑中对"离子反应"有了一个迷糊的印象。

2. 潜在困难

学生元素化合物知识不丰富，电离理论又没有学习，所以本节知识对学生来说具有难度。学生容易观察实验中的现象，但怎样依据现象得出结论，学生不能全面地分析问题，对"从现象到本质"的理解也不够深刻。

三、教学目标

（1）通过实验探究酸碱之间的反应。

（2）通过酸碱之间反应本质的认识过程，初步建立电解质溶液之间反应的认识模型。

（3）通过设计硫酸厂废水处理方案的活动，感受离子反应的价值，初步形成绿色应用的意识，增强社会责任感。

四、教学思路

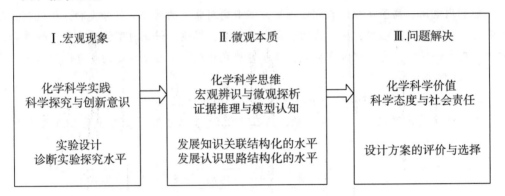

五、教学过程

教学环节	教师活动	学生活动	设计意图
	【板书】§2.2离子反应		
环节一	【引入】初中我们已经学习过许多化学反应，明白酸碱之间能发生中和反应，H_2SO_4 是中学阶段常见的酸，$Ba(OH)_2$ 是中学阶段常见的碱，猜想它们之间能否反应。 【引导】学生从科学探究层面提出猜想—设计方案—实验验证—得出结论 【演示实验】滴加酚酞的氢氧化钡与硫酸的反应。 【提问】哪些现象能够说明氢氧化钡与硫酸发生了反应。 【讲解】溶液红色褪去—旧物质减少，白色沉淀生成—新物质产生。 【过渡】宏观上我们可以通过旧物质减少，新物质生成两个角度辨识化学反应，微观上，物质是由分子、原子、离子构成，对于稀硫酸与氢氧化钡溶液，它们微观上由什么构成呢？	聆听： 观察演示实验。 思考。 提出猜想： 设计实验方案。 【回答】溶液红色褪去，产生白色沉淀 聆听。 【回答】离子。	从反应实例引入本节课内容，学生容易接受，也符合 STS 教育理念。
环节二	【提问】单独放置的稀硫酸与氢氧化钡溶液能否导电？ 【讲述】导电原因分析，引出电离概念。 【播放动画】直观感受氢氧化钡在水中的电离。	【回答】可以。 聆听。 【观看动画】	

续表

教学环节	教师活动	学生活动	设计意图
环节二	【提问】化合物只能在水溶液中才能产生离子吗？ 【播放视频】熔融氢氧化钡的导电实验。 【讲述】电解质与非电解质概念。 【讲述】电离方程式书写。	观看视频。 聆听、书写电离方程式。	电解质 ↓　　电离。 离子
环节三	【提问】稀硫酸与氢氧化钡溶液混合后，溶液离子数目是否变化。 【讲述】手持技术仪器，并让学生设计实验方案证明猜想。 【评价方案】评价学生实验方案。 【演示实验】测定氢氧化钡溶液与稀硫酸反应过程中的电导率曲线。 【讲述】如何表征氢氧化钡溶液与稀硫酸的反应，离子反应概念。 【模型建构】判断电解质溶液之间能否反应的模型。	【提出猜想】 【设计方案】 聆听。 观察演示实验，注意观察电导率曲线变化。 聆听。	离子 ↓　　混合。 离子反应
环节四	【问题解决】从宏观与微观角度判断氢氧化钡与硫酸钠能否反应？	设计实验方案。	评估学生的问题解决能力，模型应用能力。
环节五	【问题解决】硫酸厂废水处理。	设计实验方案。	

六、教学反思

"离子反应"是高中化学必修课程中的核心概念，它不仅是一种十分重要的化学反应类型，而且在生产、生活等各个方面具有广泛的应用。因此，这一概念具有重要的学科价值和社会价值。同时，这一概念的建构过程具有较为丰富的化学学科核心素养发展价值。

1. 以 Ba（OH）$_2$ 溶液与稀 H$_2$SO$_4$ 的反应贯穿整堂课，完成从宏观现象到微观本质的认识进阶

本堂课以 Ba（OH）$_2$ 溶液与稀 H$_2$SO$_4$ 的反应为主线索，带领学生从宏观现象入手，层层深入，最终从微观层面上理解 Ba（OH）$_2$ 溶液与稀 H$_2$SO$_4$ 反应实质，完成从宏观现象到微观本质的认识进阶，在这个过程中，教学手段丰富，有学生实验、教师演示实验、视频实验、教学微课，帮助学生理解这个过程中产生的电离、电解质与非电解质等概念。

2. 引入手持技术，探析微观本质

对于 Ba（OH）$_2$ 溶液与稀 H$_2$SO$_4$ 的反应，在传统滴加酚酞，观察溶液颜色变化的基础上，手持技术进行实验，采用数据传感器能让学生在屏幕上清楚看到实验数据，并真实观察到电导率变化趋势。

七、备课参考

情境素材：稀硫酸与 Ba（OH）$_2$ 溶液的反应。

图片素材：稀硫酸电导率图、Ba（OH）$_2$ 溶液电导率图、Ba（OH）$_2$ 溶液中滴加稀

硫酸的电导率变化图像。

视频素材：熔融 $Ba(OH)_2$ 导电实验。

素材分析：以稀硫酸与 $Ba(OH)_2$ 溶液的反应，结合手持技术仪器，从宏观和微观两个视角帮助学生认识如何判断反应是否发生，建构科学探究的一般思路：提出猜想—设计方法—实验验证—得出结论。

氧化还原反应的模型建构与实验探究

重庆市求精中学校　甘雨欣

一、内容解读

1. 新课标要求

本节课主要讲解氧化还原反应中氧化剂和还原剂的内容。新课程标准对其要求明确如下：知道常见的氧化剂和还原剂，了解日常生活中的氧化还原反应，通过实验探究过氧化氢的氧化性和还原性。这部分内容概念多，抽象理论性较强，是高中化学元素及其化合物部分的基础，需要引导学生构建氧化还原反应的认识模型，引导他们从化学视角分析并运用实验手段去解决实际问题，体会化学对人类文明和社会发展的促进作用。

2. 教材分析

氧化还原反应是人教版（2019）化学必修一的第一章第三节，教材总共分为两个课时：氧化还原反应、氧化剂和还原剂。第一课时教材先从初中学过的两个化学反应出发，从三个角度：得失氧化合物及其发生的反应、反应前后元素化合价的变化、氧化还原反应与元素化合价升降的关系进行分析，得出氧化还原反应的概念，让学生从微观角度理解化学反应，认识氧化还原反应的本质。第二课时学生将进一步认识常见的氧化剂和还原剂以及它们之间的关系，教材也通过日常生活中的例子让同学们理解氧化还原反应在生产生活中的应用。

二、学情分析

1. 已有基础

在初中阶段，学生已经认识了元素周期表和原子结构，对分子、原子较为熟悉，对于氧化还原反应的理解还停留在得氧和失氧的元素认识层面。而高中化学则要求从反应发生的本质即元素化合价变化和电子转移两个角度来理解，所以对学生的化学学科认知能力要求更高，需要学生从元素到电子，从宏观到微观进行知识的深入学习，由表及里，从高中化学视角分析并理解反应的本质。

2. 潜在困难

本节课需要学生在熟悉氧化还原反应的基本概念后，根据它们的关系构建模型，结合实验手段探究物质性质，从而培养学生的化学学科核心素养和逻辑思维。由于学生是初步接触模型的概念，因此在构建氧化还原模型时较为困难。

三、教学目标

（1）从宏观和微观两个视角认识氧化剂和还原剂，形成氧化还原反应的认识思路，构建从本质特征到物质性质的氧化还原反应模型。

（2）通过实验探究物质的氧化性和还原性，初步形成探究物质性质的实验方案设计思路，了解以实验为基础的化学学科特征。

（3）结合理论知识探究并解决实际问题，了解氧化还原反应在生产生活中的重要应用，感受化学学科的社会价值，形成科学探究观念，提升社会责任意识。

四、教学思路

本节课的教学环节分为三个部分，具体流程如下图所示：

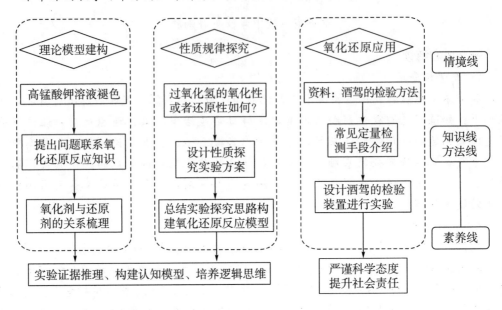

本节课中建构的实验探究思路如下图所示：

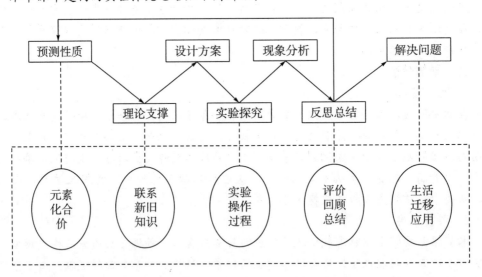

五、教学过程

教学环节	教师活动	学生活动	设计意图
理论模型构建	【实验演示】教师展示一瓶紫红色溶液和一瓶无色溶液。取少量紫红色溶液于试管中逐滴加入无色的溶液，观察现象。 【提问】大家认为这瓶紫红色溶液会是哪种物质？	【观察】试管中的紫红色溶液逐渐变为棕黄色。 【回答】我们学过酸性高锰酸钾溶液是紫红色的，这瓶溶液应该是高锰酸钾溶液。	从实验现象出发，结合氧化还原反应理论分析现象产生的原因并预测物质的性质，培养学生"证据推理"的化学学科核心素养。

教学环节	教师活动	学生活动	设计意图
理论模型构建	【讲解、设问】没错，目前我们了解到的紫红色溶液就只有酸性高锰酸钾溶液，那么请大家结合上节课所学的氧化还原反应相关知识思考，使它褪色的无色溶液可能具有什么样的性质呢？ 【复习讲解】大家分析得很有道理，这瓶无色溶液其实是碘化钾溶液，下面我们先写出高锰酸钾和碘化钾在稀硫酸环境中反应的化学方程式。 $2KMnO_4+10KI+8H_2SO_4=2MnSO_4+6K_2SO_4+5I_2+8H_2O$ 【自主阅读】请大家自主阅读教材第23页，理解氧化剂和还原剂的概念。 【概念应用】请同学们分析这个反应中电子的转移情况，结合阅读的教材内容判断反应中的氧化剂和还原剂。 【氧化还原反应模型建构】结合上节课所学知识，从反应物和产物、反应本质和特征、物质的变化方面归纳氧化还原反应的各个概念及其关系。	【思考】高锰酸钾中锰元素的化合价是＋7价，因此很有可能会发生还原反应使化合价降低。紫红色褪去说明高锰酸钾溶液被无色溶液还原了，所以无色溶液具有让高锰酸钾还原的性质。 【阅读思考】在反应中失去电子化合价升高的物质是还原剂，得到电子化合价降低的物质是氧化剂。所以在该反应中，碘化钾失去电子做还原剂，高锰酸钾得到电子做氧化剂。 【小组讨论】归纳构建氧化还原反应模型。 还原剂—失去电子—化合价升高—被氧化—氧化反应—氧化产物 （还原性） 本质 特征 变化 反应 结果 氧化剂—得到电子—化合价降低—被还原—还原反应—还原产物 （氧化性）	引导学生阅读教材，并结合具体反应进行概念的应用和分析，最终构建起反应模型。锻炼学生理解、分析、归纳知识的能力、初步形成构建化学模型的逻辑思维。
性质规律探究	【提问】为什么在这个反应中高锰酸钾做氧化剂，碘化钾做还原剂呢？ 【讲解】所以根据大家分析得出：含较高化合价元素的物质通常做氧化剂，被还原；含较低化合价元素的物质通常做还原剂，被氧化。那么我们常见的氧化剂和还原剂有哪些呢？请大家阅读教材第23～24页。 【书本知识】 常用作氧化剂的物质有：O_2、Cl_2、浓硫酸、HNO_3、$KMnO_4$、$FeCl_3$等。 常用作还原剂的物质有：Al、Zn、Fe、C、H_2、CO、KI、$FeCl_2$等。 【提问】请同学们结合所学知识分析、推测 H_2O_2 具有怎样的性质，并说明推测的依据。 【讲解】根据同学们的分析，H_2O_2 可能既具有氧化性又具有还原性，我们如何设计实验来证明呢？请大家分小组设计出实验方案，并动手验证方案的可行性。 【方案评价】 1. 验证还原性实验。 酸性高锰酸钾具有氧化性，若紫红色褪去，则说明＋7价的锰元素被还原，能够证明 H_2O_2 具有还原性。 2. 验证氧化性实验。 方案一：碘化钾具有还原性，易被氧化为碘单质，用淀粉溶液作指示剂，现象明显，方案较为可行。	【分析】从氧化还原的本质上来看，反应实质是有电子的转移。高锰酸钾中锰元素显＋7价，可以得到电子，化合价降低，具有氧化性。而碘化钾中碘元素显－1价，能够失去电子，化合价升高，具有还原性。 【自主阅读】了解中学化学中分别用作氧化剂和还原剂的物质。 【学生1】在初中学过 H_2O_2 分解得到氧气的反应，反应的产物有氧气和水，而反应物只有 H_2O_2，说明 H_2O_2 既具有氧化性又具有还原性。 【学生2】H_2O_2 由氢元素和氧元素组成，H 原子核外只有一个电子，所以最多只能失去一个电子，显＋1价，所以 O 元素显－1价，化合价既可以升高又可以降低。 【小组讨论设计方案】 1. 验证还原性实验。 用酸性高锰酸钾溶液氧化过氧化氢溶液，若紫红色褪去，则说明 H_2O_2 具有还原性。	引导学生从微观角度分析氧化剂和还原剂的本质，培养宏观辨识和微观探析的化学学科核心素养。通过自主阅读锻炼学生的理解能力。

教学环节	教师活动	学生活动	设计意图
性质规律探究	方案二：Fe^{2+} 具有还原性可被氧化为 Fe^{3+}，但溶液从绿色变为黄色，现象不太明显，实验效果可能不佳。Fe^{2+} 与 H_2O_2 的反应需要在酸性环境下进行，若反应进行，则生成水使得酸性减弱。因此可以用 pH 传感器检测溶液的 pH 变化，若 pH 增大，则说明反应发生，H_2O_2 具有氧化性。 【讲解】通过三个实验，我们成功地验证了 H_2O_2 既具有氧化性又具有还原性。所以像过氧化氢这种具有中间态价元素的物质，在反应中既可以做氧化剂又可以做还原剂。 【布置任务】同学们完成了 H_2O_2 性质的探究实验，回顾整个探究过程，我们能否总结出探究物质性质的一般思路？ 【实验探究思路总结】 预测性质 → 设计方案 → 现象分析 → 解决问题 理论支撑　实验探究　反思总结	2. 验证氧化性实验。 方案一：用碘化钾溶液与过氧化氢溶液反应，生成的碘单质可以用淀粉溶液检测，若溶液变蓝，则说明 H_2O_2 具有氧化性。 方案二：用氧化亚铁溶液和过氧化氢溶液反应，若溶液从绿色变为黄色，则说明 H_2O_2 具有氧化性。 【学生实验】学生进行实验，并根据现象得出结论。 【得出结论】 | 实验方案 | 实验现象 | 实验结论 | | $KMnO_4$(H^+)+H_2O_2 | 紫红色褪去 | H_2O_2 具有还原性 | | KI+H_2O_2 | 溶液变蓝 | H_2O_2 具有氧化性 | | Fe^{2+}+H_2O_2 | 溶液 pH 增大 | H_2O_2 具有氧化性 | 【回顾思考】探究物质性质时，先根据所学知识预测物质可能具有的性质，然后进行实验验证，最后得出结论。	从理论推理到方案设计，发展学生的实验探究能力，培养"证据推理"和"科学探究"的化学学科核心素养。 完成实验探究后，学生通过回顾实验过程总结探究物质性质的一般思路，养成建构模型的习惯，形成化学学科的探究思维。
氧化还原应用	【联系生活】我们都知道酒后驾车是对自己和他人生命不负责的行为，对社会有很大的危害，许多交通事故都是驾驶员酒驾导致的。因此为了防止人们酒后驾车发生事故，交警通常会对司机进行酒驾检测，那么他们是如何测试的呢？请同学们阅读资料后，设计出检测酒驾的实验方案。 【资料1】酒的主要成分是乙醇，乙醇是一种易挥发的液体，所以人饮酒后呼出的气体中含有乙醇。 【资料2】重铬酸钾是一种氧化剂，$K_2Cr_2O_7$ 溶液在酸性环境中呈现橙色，含 Cr^{3+} 的溶液呈现蓝色。 【方案评价】大家的想法非常好，根据溶液颜色变化判断驾驶员呼出的气体中是否含乙醇。由此可知，化学反应可以为我们的社会服务，在生产生活中有着广泛的应用。 【评价反思】但在真实的生活场景中，饮酒后人呼出的乙醇含量是很少的，要使溶液变蓝还是较为困难。并且仅靠颜色变化进行定性的判断依旧不够准确。所以现在酒测试仪还使用其他检测方法，例如通过红外线吸收长波或者气敏电阻改变电流电压的原理进行定量检验等。 【课堂小结】这节课我们先通过自主阅读认识了氧化剂和还原剂的概念，并建立了氧化还原反应的认知模型。然后结合模型探究了 H_2O_2 的性质，总结了通过实验探究物质性质的一般思路。最后运用这种思路解决了生活中的实际问题。通过这堂课，同学们能够感受到化学学科的魅力和重要性，我们应该要掌握化学变化的规律，使之更好为社会服务。	【方案设计】根据生活经验知道乙醇可以燃烧，与氧气反应生成二氧化碳和水。这说明乙醇具有还原性，可以被氧化剂氧化。而重铬酸钾是一种氧化剂，且发生氧化还原反应前后有颜色的变化。所以可以在酸性环境下向 $K_2Cr_2O_7$ 溶液中滴加乙醇，看是否有颜色的变化，从而判断二者能否反应。 【学生实验】取约 2 mL 的 $K_2Cr_2O_7$ 溶液于试管中，滴加等体积的稀硫酸，再滴入 2 mL 95% 的乙醇溶液，振荡试管并观察现象。 【现象结论】试管中溶液由橙色变为蓝色。这说明重铬酸钾可以将乙醇氧化，且反应有明显的颜色变化。 【方案总结】所以可以用 $K_2Cr_2O_7$ 溶液判断驾驶员是否饮酒。若溶液变蓝则说明该驾驶员是酒后驾驶；若溶液仍为橙色，则说明驾驶员没有饮酒。 【思考】生活中真实问题的解决方法具有复杂性和多样性，如何更好利用化学反应及其规律为人类社会服务？	联系生活实际，运用所学知识解决实际的生活问题，感受化学的学科价值。通过方案评价反思，形成严谨的科学态度，提升社会责任感。

六、教学反思

本节课从设计到实施始终关注学生学科核心素养的形成与发展，注重以学定教，以学生为课堂主体的教学思想。课上教师通过三个教学环节，从理论模型建构到探究思路形成再到生活实际应用，让学生层层深入学习和理解氧化还原反应的相关知识。在建构理论模型环节，教师通过演示实验，让学生结合教材内容分析实验现象产生的原因，从而预测物质的性质，锻炼学生理解、分析、归纳知识的能力，初步形成构建化学模型的逻辑思维，并培养证据推理的化学学科核心素养。在探究方案设计环节，学生主要开展问题解决式、探究式学习，通过对老师给出的问题进行理论分析后，再设计实验方案并动手验证，锻炼了思维能力和动手操作能力。通过提出问题、设计方案、教师点评的方式，实现了"教、学、评"一体化，促进学生核心素养的全面发展。在生活实际应用环节，创设了真实的生活情境，激发学生的学习兴趣和探究欲望。学生基于资料和所学知识设计方案解决教师提出的真实问题，在锻炼思维、获取技能的同时感受到化学学科对社会的价值，形成严谨的科学态度，增强社会责任感。

七、备课参考

情境素材：检测驾驶员是否酒驾的办法。

实验素材：高锰酸钾溶液和碘化钾反应，过氧化氢溶液分别与酸性高锰酸钾、碘化钾、亚铁离子的反应，pH 传感器测定溶液酸度变化曲线图，实验探究思路模型。

素材分析：课堂以演示实验和学生探究实验为主，到达师生共同构建氧化还原反应和实验探究思路的理论模型的目的。再以设计检测酒驾的装置为问题情境，通过小组讨论、方案设计、教师评价的方式解决真实的生活问题，素材丰富，切合实际。

物质结构篇

基于思维发展的情境创设的教学设计
——分子与原子

重庆市求精中学校　杨海燕　邓晓勤

一、内容解读

1. 新课标要求

新课标要求认识物质的微粒性，知道分子、原子、离子等都是构成物质的微粒；能用微观的观点解释某些常见的现象；知道原子是有原子核和核外电子构成的；知道原子可以结合成分子、同一元素的原子和离子可以相互转化，初步认识额外电子在化学反应中的作用。

2. 教材分析

《分子和原子》是人教版义务课程标准教材实验教科书九年级化学上册第三章课题二的内容，是继物质的性质和变化后，从宏观物质跨进微观世界第一课，对于学生认识物质的微观组成具有重要意义，为探究"物质构成的奥秘"奠定基础。

二、学情分析

1. 已有基础

在物理课的学习中，学生已经了解了一些分子和原子的知识，知道分子和原子的体积非常小，肉眼无法直接观察，知道了物质是由分子和原子等微小微粒构成。

2. 潜在困难

学生对日常生活的一些常见的现象有了一定的观察，对分子和原子有了一定的感性认识，但没有形成"宏观物质由微粒构成"的微粒观，还停留在感性认识水平，没有形成理性认识。

三、教学目标

1. 知识与技能目标

（1）知道宏观物质是由分子、原子等微小粒子构成的。

（2）了解分子的基本特性。

（3）能运用分子、原子的观点解释一些生活现象和实验现象。

2. 过程与方法目标

（1）通过对学生熟悉的日常现象提出问题，引发学生思考，来探索微观世界，认识分子和原子。

（2）学习运用比较、分析、归纳等方法对实验所得信息进行加工，能在教师的指导和他人的合作下完成简单的探究实验。

3．情感态度与价值观目标

（1）激发学生对微观世界的好奇心和探究欲，发展学生学习化学的兴趣，培养勤于思考、严谨求实的科学精神。

（2）提高学生在实验探究、讨论中学会与他人交流、合作的能力，增强协作精神。

（3）让学生感受到世界是物质的，物质具有粒子性；建立"静止是相对的，运动是永恒的"辩证唯物主义认识观。

四、教学思路

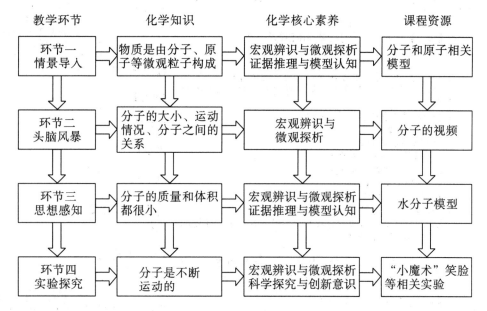

教学环节	化学知识	化学核心素养	课程资源
环节一 情景导入	物质是由分子、原子等微观粒子构成	宏观辨识与微观探析 证据推理与模型认知	分子和原子相关模型
环节二 头脑风暴	分子的大小、运动情况、分子之间的关系	宏观辨识与微观探析	分子的视频
环节三 思想感知	分子的质量和体积都很小	宏观辨识与微观探析 证据推理与模型认知	水分子模型
环节四 实验探究	分子是不断运动的	宏观辨识与微观探析 科学探究与创新意识	"小魔术"笑脸等相关实验

五、教学实录

教学环节	教师活动	学生活动	设计意图
环节一 情景导入	【提问】同学们，老师带来两个瓷罐，闻一闻，能判断出是什么物质吗？ 没有看到瓷罐内的物质，通过闻，就能判断出来，什么原因呢？ 【邀请同学】 【陈述】近代科学家大胆猜测：物质是由不连续的微观粒子构成的，并命名为分子、原子。随着科技的发展，通过扫描隧道显微镜得到了分子、原子的图片。 【展示】氧气、氮气的分子模型；金刚石的原子模型 【总结】事实证明：物质是由分子、原子等构成。 【板书】一、物质由分子、原子等微观粒子构成。	【回答】花露水，白酒 【思考】 【倾听】	通过邀请同学参与课堂互动，提高学生学习的积极性，引起学生的好奇心。

教学环节	教师活动	学生活动	设计意图
环节二 头脑风暴	【播放视频】分子的相关视频。 【抽问】关于分子你们想了解哪些方面？ 【过渡】今天我们重点来了解分子的大小、运动情况、分子之间的关系。其余的方面请同学们课下查阅资料学习。	【观看】 【回答】形状、大小、颜色、跑得有多快、分子之间是什么关系……	
环节三 思想感知	【操作】用镊子抓取一滴水。 【展示】展示水分子模型。 【提问】许多水分子聚集在一起，宏观上就看到水。用镊子能抓到水分子吗？是一个吗？一滴水中有多少个水分子？ 【放映】分子大小PPT。 【板书】板书：分子的质量和体积都很小。	【回答】 能，不是，1.67×1021。	通过水的宏观和微观大小对比，让学生形成微观和宏观的概念，深入了解物质是由分子、原子等微观粒子构成。
环节四 实验探究	【提问】将一张白纸放在盛有无色溶液的烧杯口（实物展台）观察到什么现象？我们通过下面的实验来揭秘魔术。 【实验1】"小魔术"：笑脸实验。 【实验内容】 介绍酚酞和浓氨水。 1号试管 酚酞＋蒸馏水。 2号试管 酚酞＋浓氨水。 【引导学生实验】 仪器：5 mL烧杯（2个），100 mL烧杯。 药品：5 mL酚酞，1 mL浓氨水。 【提问】1、2号试管什么现象？通过对比实验，使酚酞变红色的是什么分子？ 谁使A烧杯变红？氨分子从哪里来？酚酞和浓氨水没有直接接触，是怎样到酚酞中的？得到什么结论？ 【总结】分子是不断运动的。 【揭秘魔术】 【举例】思考生活中分子在不断运动的例子 【提问】根据我们的生活经验，湿衣服在阳光下还是阴凉处容易干？ 大胆猜测分子的运动和什么有关系？ 【视频播放】播放分子运动快慢视频。 【提问】现象是怎样的呢？有什么结论呢？ 【总结】分子运动速率受温度影响 【过渡】针筒装空气，活塞很容易被推动，压缩后的空气质量变了吗？气体分子总数变了吗？那气体能被压缩，说明分子有什么特征呢？ 针筒装水，活塞难推动，液体分子之间有间隔吗？和气体相比，液体分子间的间隔怎么样呢？ 【指导学生实验】 1. 针筒抽取6 mL空气，推动活塞。 2. 针筒抽取6 mL水，推动活塞。 【提问】分子间隔受哪些外界条件的影响？ 【提示】瘪了的乒乓球放在热水中鼓起来。 为什么可以将氧气加压装在钢瓶中？	【进行实验】 【回答】 1号不变色；2号变红色。 氨分子。 烧杯变红。 氨分子，浓氨水，氨分子在不断运动。 【回答】闻到花香、酒香；湿衣服晾干…… 阳光下，热水中扩散快，冷水中扩散慢。 【回答】 分子运动速率受温度影响。 【回答】 不变，不变，分子之间有间隔。 气体分子间隔大于液体分子间隔。 【学生实验】 【回答】 温度越高，间隔越大。 压强越大，间隔越小。	学生动手实验，提高学生实验技能，让学生具备一定的化学知识和化学实验操作能力。

教学环节	教师活动	学生活动	设计意图
环节四 总结	【总结】本节课知识点。 【科学小实验】"1＋1＝2"吗？等体积的酒精和水混合，学生预测混合后的体积变化，完成实验。 【结语】今天同学首次接触到微观世界，其实还有很多未解的谜题，希望同学们努力学习，遨游在微观世界的海洋。	【巩固、理解】 【实验操作】 【现象】 【说明】等体积的酒精和水混合，由于水分子和乙醇分子相互运动，间隔相互填充，使混合后的总体积减小。	总结课堂所学，有利于学生加深理解，形成知识体系。

六、教学反思

本节课开展得很顺利，学生大部分都能回答教师提出的问题，在接触微观的时候也能通过视频去理解，课后反响很好。唯一不足就是在实验过程中，因每个人都参与了实验，教师存在指导不足的问题。

七、备课参考

情境素材：氧气与氮气的分子模型、金刚石的原子模型、"小魔术"笑脸实验、科学小实验。

图片素材：水分子模型图片、分子大小图片。

视频素材：分子的相关视频、分子运动快慢视频。

素材分析：本教学设计素材主要来源于微观中的化学物质模型，以更加直观的角度让学生了解宏观与微观的差距，虽然肉眼看不见，但每个物质都有属于自己的微观结构，在此基础上增加"小魔术"实验和科学小实验，学生亲自动手操作，提高学生学习化学的兴趣，丰富了课堂的学习氛围，让学生"在做中学"。

以"共价键"为例的项目式学习
——基于创客教育理念的高中化学"可视化"教学实践

重庆市求精中学校　王　勉

一、内容解读

1. 新课标要求

高中化学新课程标准指出：高中化学新课程应有助于学生主动构建自身发展所需要的化学知识与基本技能，进一步了解化学学科的特点，加深对物质世界的认识，有利于学生体验科学探究的过程，学习科学研究的方法，加深对科学本质的认识，增强创新精神与实验能力。

其中，人教版（2019）选择性必修2整本书的核心思想就是经过对微观结构的研究来解释物质的宏观性质，主要是从原子、分子水平上进行研究，揭示物质构成的奥秘，基于粒子间相互作用的讨论，再深入探索其性质，使学习者理解物质结构与性质的联系，并能够依据其结构解释简单的化学现象。通过对科学方法的学习，提高学习者分析及处理问题的能力。

2. 教材分析

"共价键"选自人教版（2019）高中化学选择性必修2第二章第一节，是从共价键、键参数、等电子原理等方面对共价键进行阐述。本节课只完成了第一个知识点的教学，本课内容是必修2"化学键"的延伸，也为学习知识点二"键参数"做了铺垫，同时也是分子结构价键理论的基础。本课重在培养学生科学的思维方法，要求学生认识物质结构与性质的联系，能够从结构决定性质的化学视角预测物质性质。

二、学情分析

1. 已有基础

经过高一下学期对必修2中"化学键"的学习，学生对共价键的概念有了一定认识，能理解共价键是形成了共用电子对，能够借助电子式表示出简单共价分子的形成过程，能区分简单的极性键与非极性键。

2. 潜在困难

学生还不清楚如何用更精准的电子云概念来进一步分析共价键的形成。通过以上分析，确定了共价键一节适用"可视化"教学，也能够通过模拟动画、实物观察等方法培养空间想象力，建立起从宏观到微观的联系。

三、教学目标

（1）通过共价键形成过程的分析，初步掌握共价键的形成及本质；认识σ键和π键的形成，能分析一些简单分子中存在的σ键和π键。

（2）通过模型模拟，培养信息处理能力和求实创新的精神以及抽象思维能力；也培养从宏观到微观、从现象到本质的科学认识事物的方法。

（3）通过模型动画，能够从不同的角度对共价键分类，会分析σ键和π键的形成及特点。

四、教学思路

教学环节	化学知识	化学核心素养	课程资源
问题一：必修二中我们学习的共价键的本质是什么？	共价键的本质是形成共用电子对	证据推理科学探究	播放视频：播放H原子和H原子形成共价键的可视化视频
问题二：分组讨论如何理解HCl、Cl_2中共价键的形成过程？	H原子提供s轨道Cl提供p轨道以"头碰头"的方式重叠形成s-pσ键	证据推理科学探究	模型模拟：用黏土模拟HCl、Cl_2的形成过程
问题三：如何理解N_2分子中的共价键？	每个N原子提供一个p轨道以"肩并肩"的方式形成p-pπ键	证据推理科学探究	动画演示：演示两个N原子p轨道的形成过程
问题四：通过以上所学可以得到σ键和π键有何特点？	从成键方向、电子云形状、牢固程度等得到σ键和π键的特点	证据推理	展示表格：将σ键和π键的特点以表格的形式呈现

五、教学过程

教学环节	教师活动	学生活动	设计意图
环节一更新对共价键的本质理解	【课堂引入】 问题1：同学们，根据必修2的知识，回顾一下：什么是共价键？其本质是什么？ 【教师提问】 问题2：试着用电子式表示 H_2 分子的形成过程。 【教师展示讲解】 可视化动画： 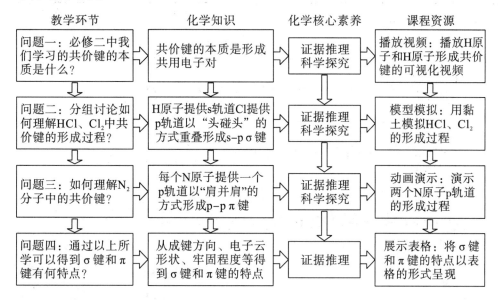 通过分析思考以上两个问题，2 个 H 原子形成的共用电子对其实是 s—s 电子云发生重叠的过程，将共价键的本质从形成共用电子对过渡到原子轨道发生重叠。 重叠区域电子出现的概率增大，相当于在两个原子核之间架起一座带负电的桥梁，使两个原子连接起来。	【学生观点】 共价键是原子通过共用电子对形成的相互作用；本质是共用电子对对两原子的静电作用（引力和斥力）。 【学生活动】 学生试着写出氢气的电子式即为 H：H。 【学生演示模型】 通过老师对 H_2 成键过程的解释，学生用超轻黏土自制作成键的可视化模型。	通过电子式的书写，学生再现必修中共价键形成的有关知识。 在分析的中，引导学生根据已有的电子云与原子轨道的知识来进一步理解共价键，从而引出本节课的内容。问题2的设计为后面分析s—p、p—pσ键的形成打下基础。 上述过程的探究与"可视化"模型的制作，不仅锻炼了学生的动手能力，也培养了学生发现问题，解决问题，化抽象为具体的能力，并掌握了一定的学习微观世界的方法。

教学环节	教师活动	学生活动	设计意图
环节二 从 抽 象 到 具体，从 现象到本质	【教师提问】 问题3：分组讨论如何理解 HCl、Cl₂ 中共价键的形成过程？ 【教师引导，分析问题】 先分析成键之前两个原子的价电子情况，通过观察价电子轨道表示式，分析还有哪些电子可以成键？这些电子在什么形状的轨道上？如何才能最大重叠达到更稳定的状态？ 【教师引导，解决问题】 1. 理解 HCl 分子中的共价键（s—p σ键） 未成对电子的电子云"头碰头"相互靠拢　　电子云相互重叠 1s　　　3pz　　　S–P σ键 2. 理解 Cl₂ 分子中的共价键（p—p σ键） （动画：相互靠拢） （动画：发生重叠） （动画：成键） 3. 理解 N₂ 分子中的共价键（p—p π键） （动画：2个N原子的p轨道）	【学生活动】 学生联系已学知识，讨论 HCl、Cl₂ 中共价键的形成。 【理解模型，完成学案】 观看模拟动画，自制成键可视化模型。 1. 首先画出 H、Cl 原子的价电子排布图： H： Cl： 2. 根据价电子排布图分析哪些轨道可以成键： 提供___轨道（___形） Cl：提供___轨道（___形）以___的方式重叠形成 p—pσ。 3. 利用电子云形象描述 HCl 共价键的形成。 模型模拟： 【理解模型，完成学案】 观看模拟动画，自制成键可视化模型。 1. 首先画出两个 Cl 原子的价电子排布图： Cl： Cl： 2. 根据价电子排布图分析哪些轨道可以成键： Cl：提供___轨道（___形） Cl：提供___轨道（___形）以___的方式重叠形成 p—pσ 3. 利用电子云形象描述 Cl₂ 共价键的形成。 模型模拟： 模型模拟： 【理解模型，完成学案】 观看模拟动画，自制成键可视化模型。 1. 首先画出两个 N 原子的价电子排布图： N： N： 2. 根据价电子排布图分析哪些轨道可以成键： N：提价___个___轨道（___形） N：提价___个___轨道（___形） 3. 利用电子云形象描述 N₂ 共价键的形成。 模型模拟： 	引导学生先从微观的价电子排布图这一熟悉的知识开始分析，观察分析价电子还有哪些是单电子？分别位于什么轨道里？如何才能最大重叠？ 化抽象知识为具体问题，逐个突破，再结合动画和可视模型，从宏观现象再回到微观本质，实现知识的理解与能力的提升。 结合创客教育模式的"可视化"，学生不仅能亲眼见到实物，还能自制模型，既锻炼了学生的动手操作能力，还进一步认识了共价键的成键方式。实现了"科学探究""证据推理与模型认知"的核心素养培养。

教学环节	教师活动		学生活动	设计意图
环节三 回归知 识	【教师小结】 通过前文的讲解，完成表格。 		σ键	π键
成键方向		
电子云形状		
牢固程度		
成键判断规律					【学生活动】 根据前文讲解完善表格。	在前面的学习中，学生已经建立起了共价键是轨道发生重叠的结果，再系统地总结知识，高度概括，完成教学目标。

六、教学反思

本次教学实践研究是创客教育模式与"物质结构与性质"模块相结合的一次尝试。结合该模块化学用语繁杂、概念抽象、空间结构抽象等特点，通过将"可视化"理念应用于具体的教学实践，来帮助学生理解抽象的概念性问题，更好地实现了知识的理解与应用，发展学科能力。

本案例选取了选择性必修 2 模块中的重要内容——"共价键"，根据创客教育的理念，设计成了具体的实践项目，通过几个思考题，层层推进，在"能量最低原理"这个总思想的指导下，使学生逐步更新共价键的形成过程，以小组合作探究的模式，运用类比的思想，对比的方法，在一个个小问题的不断探究中抓住核心，并辅以"可视化"动画与具体的模型，让学生更直观地感受微观世界的变化过程，化抽象问题为具体，再从现象回到本质，深入理解共价键的形成本质以及 σ 键、π 键的成键特点，在学习知识的同时发展学生解决问题的能力、空间想象力以及创新能力，既完善了学生的知识体系，还培养了学生学习微观世界的具体方法。但在具体实践中，笔者的活动设计能力和把控能力还需要进一步提高，对实践课程的反馈和评价还需要更加量化，但创客教育模式与化学教学整合的有效性依然值得我们去探索和挖掘。

七、备课参考

图片素材：HCl、H_2、Cl_2、N_2 的成键模型图和微观成键动画图，N_2 的分子轨道图。

素材分析：在创客教育模式的背景下，结合选择性必修 2 "物质结构与性质"共价键的概念，通过"可视化"的动画，具体的模型展示，学生在该过程中能攻克共价键概念，成键电子之间的空间结构抽象的问题，学生在动手自制模型的过程中加深对 s—s σ 键、s—p、p—p σ 键的空间结构的认识，锻炼了学生的动手操作能力，培养了学生分析解决问题的能力，实践后能分析一些简单分子中存在的 σ 键和 π 键，达成教学目标。